素晴らしいパターン
大人のための塗り絵
Mandala

塗り絵 大人 ストレス解消とリラクゼーションのための

ISBN: 9798690443207

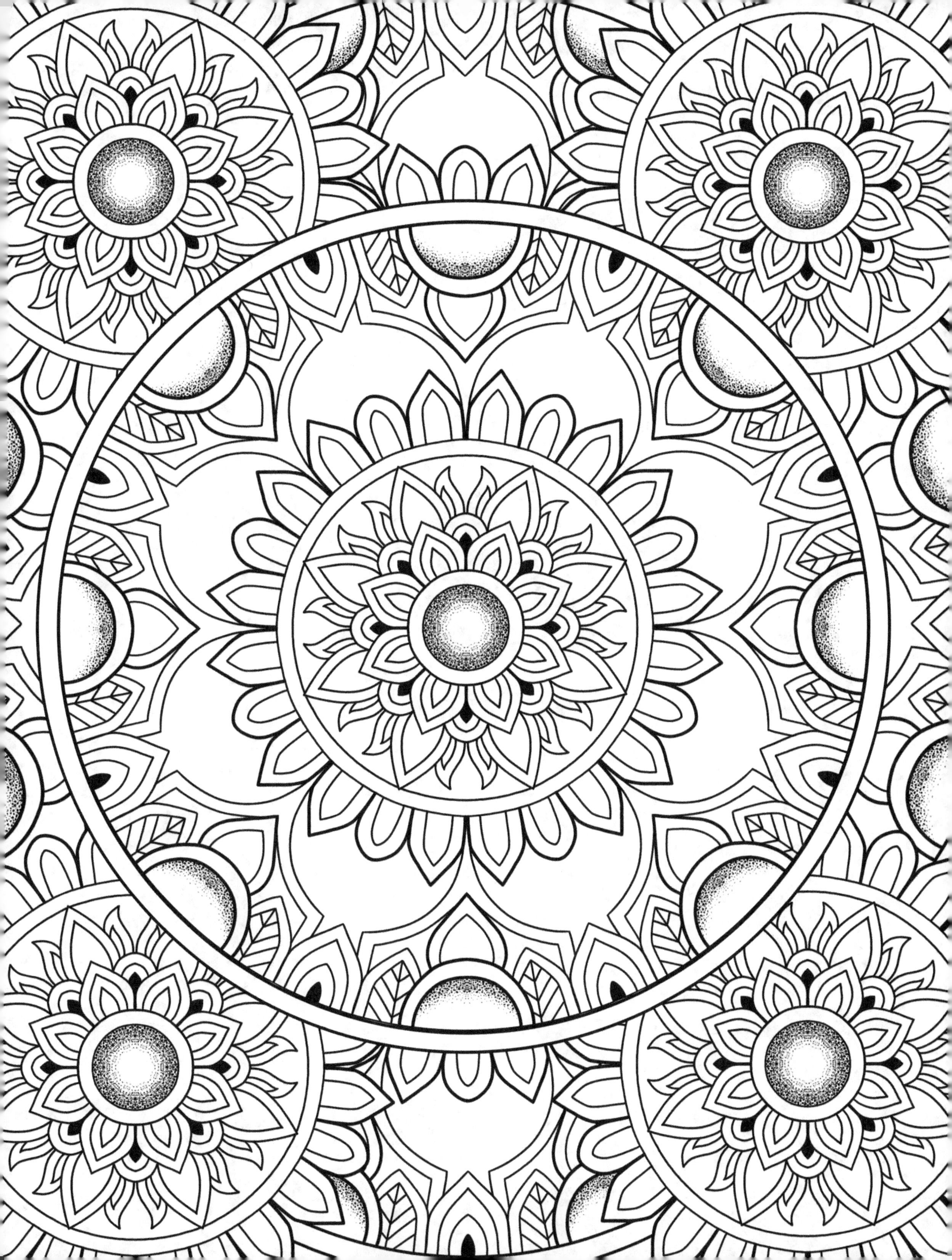

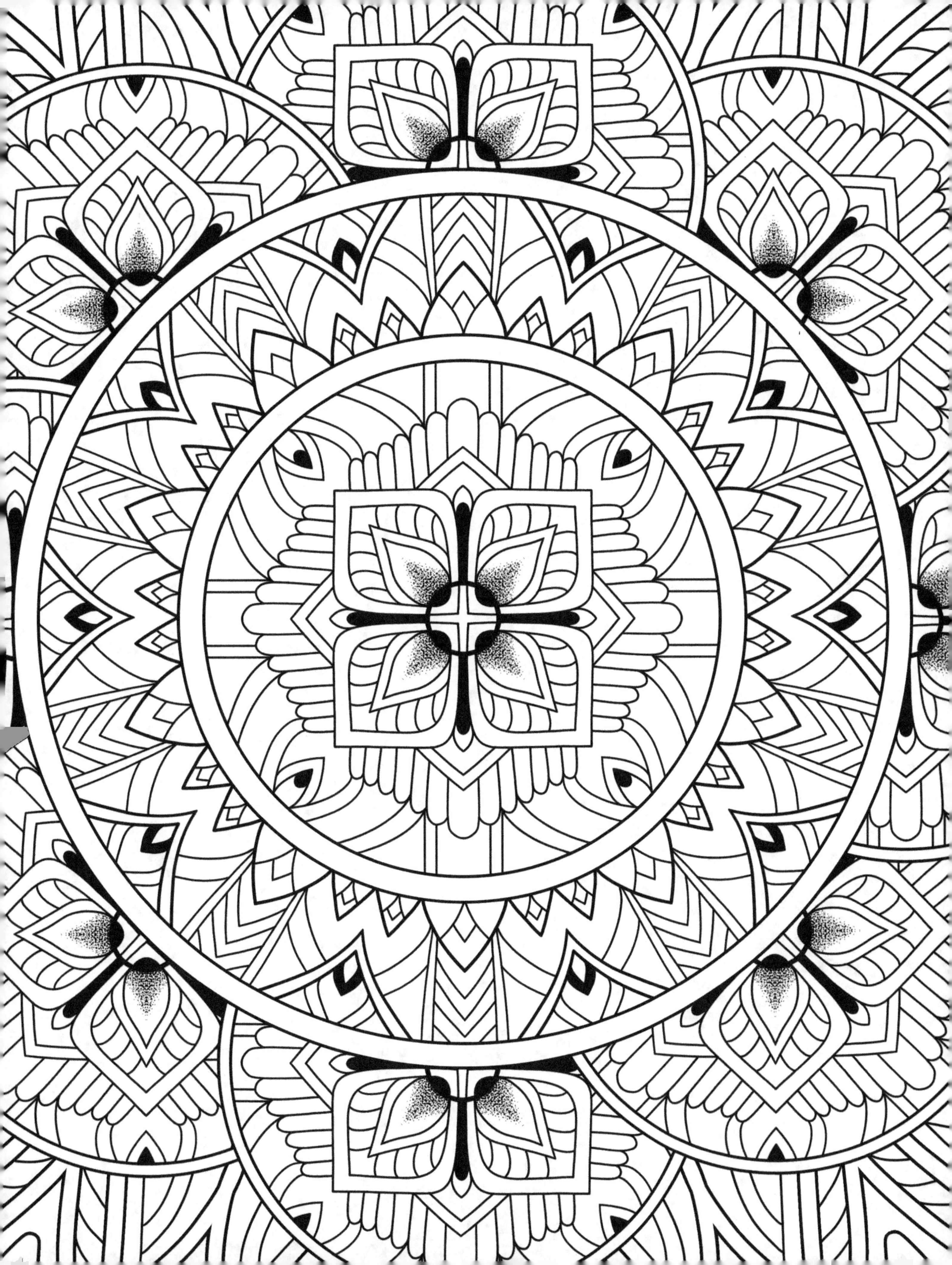

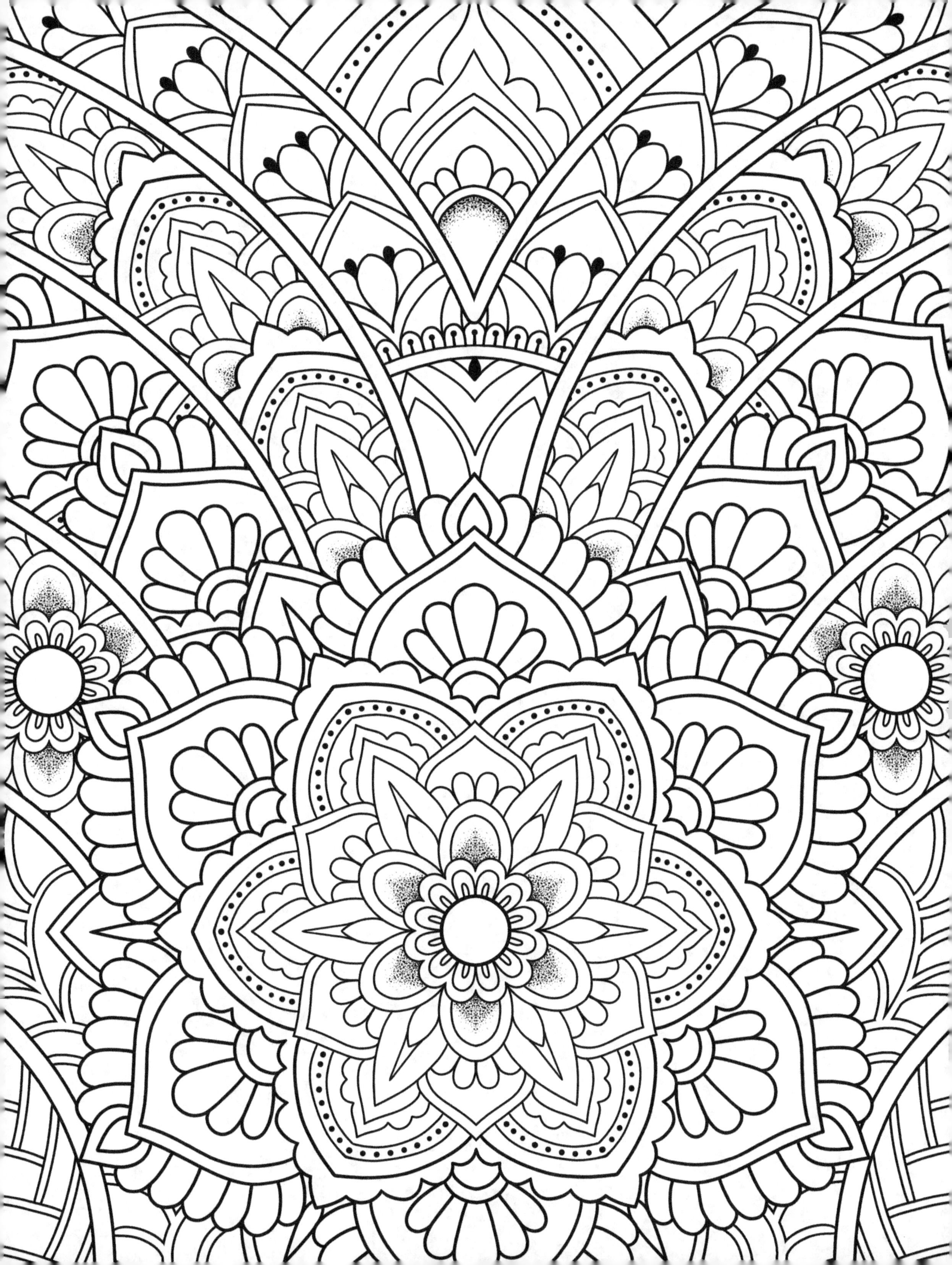

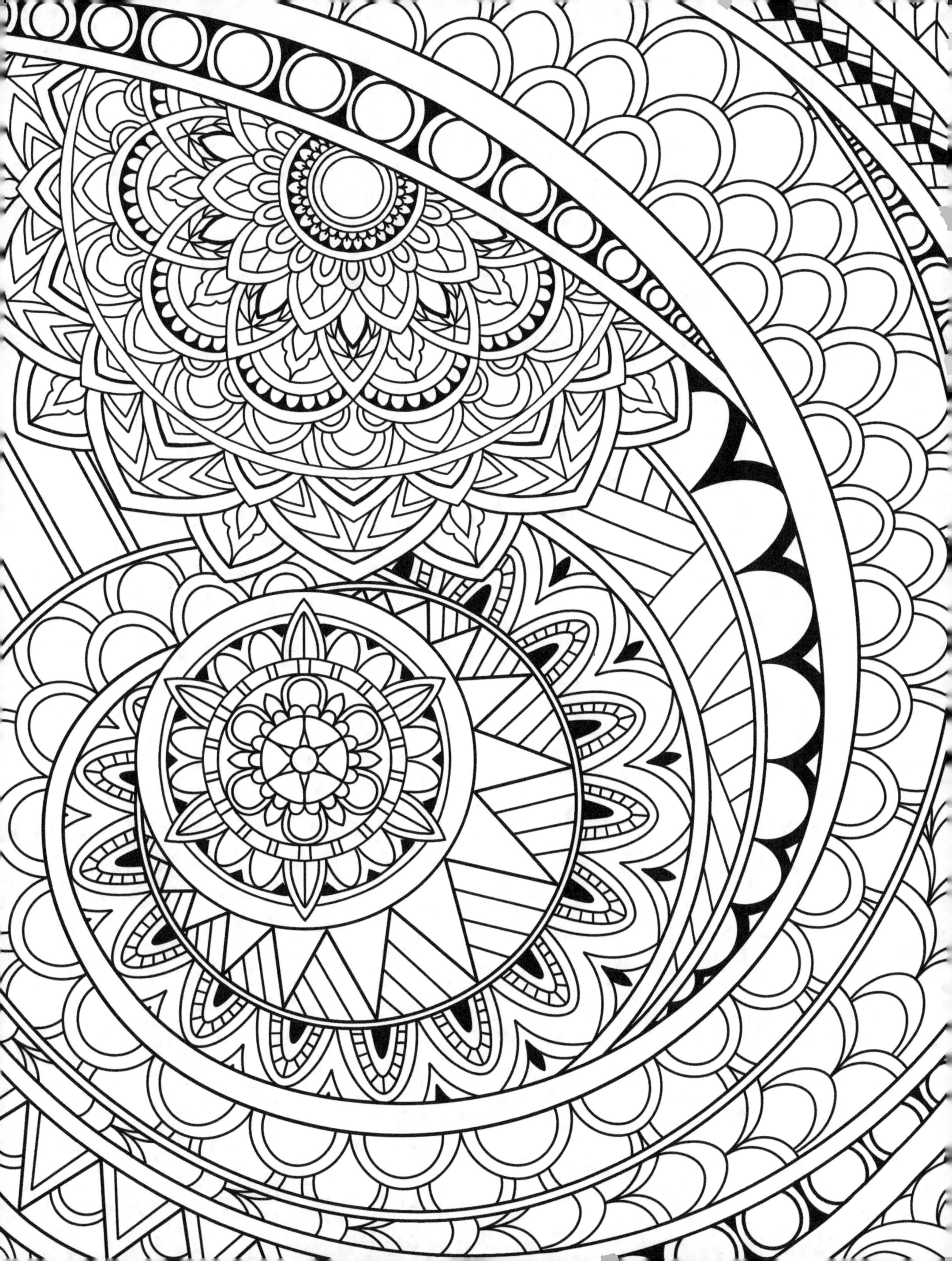

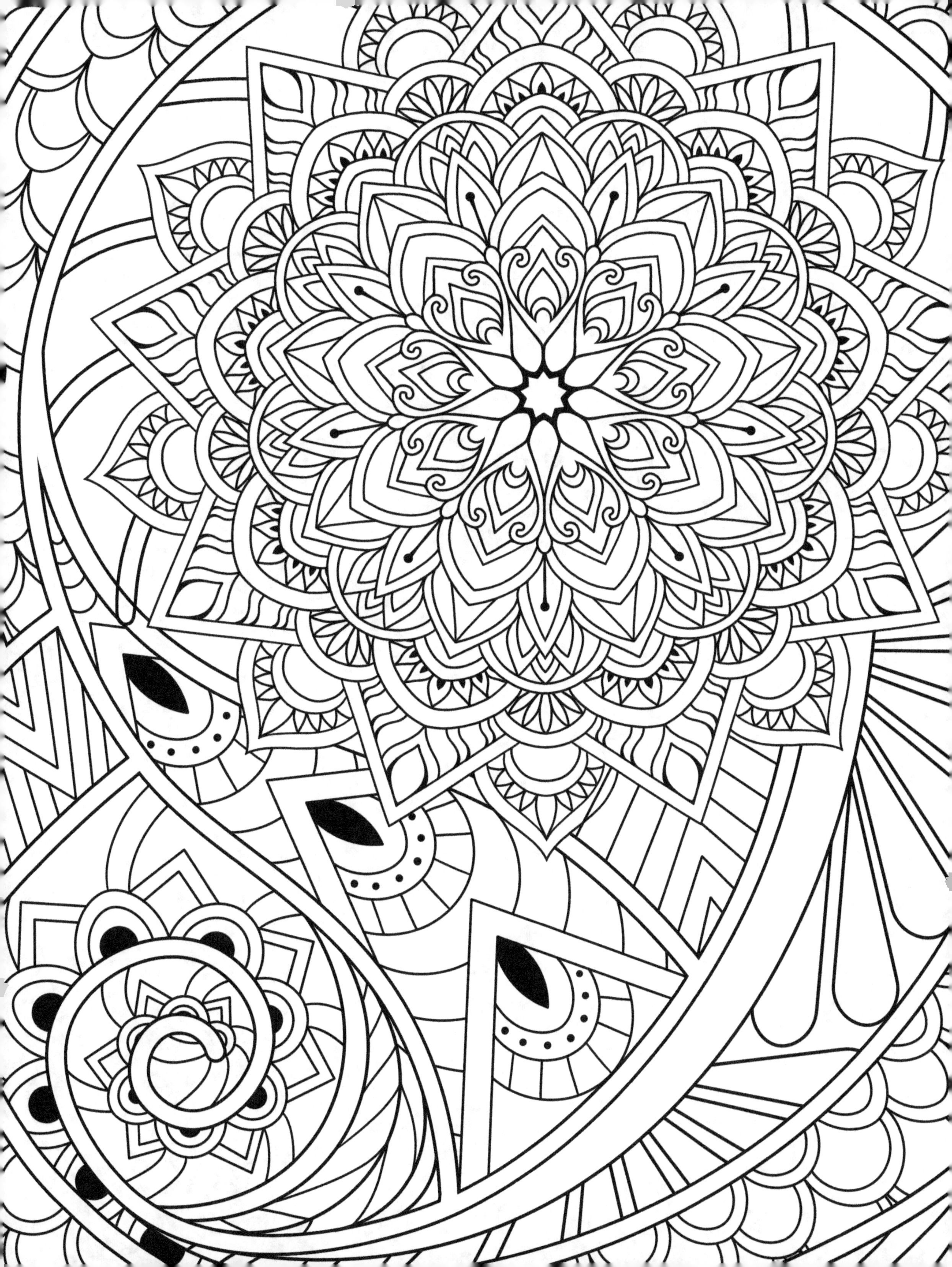

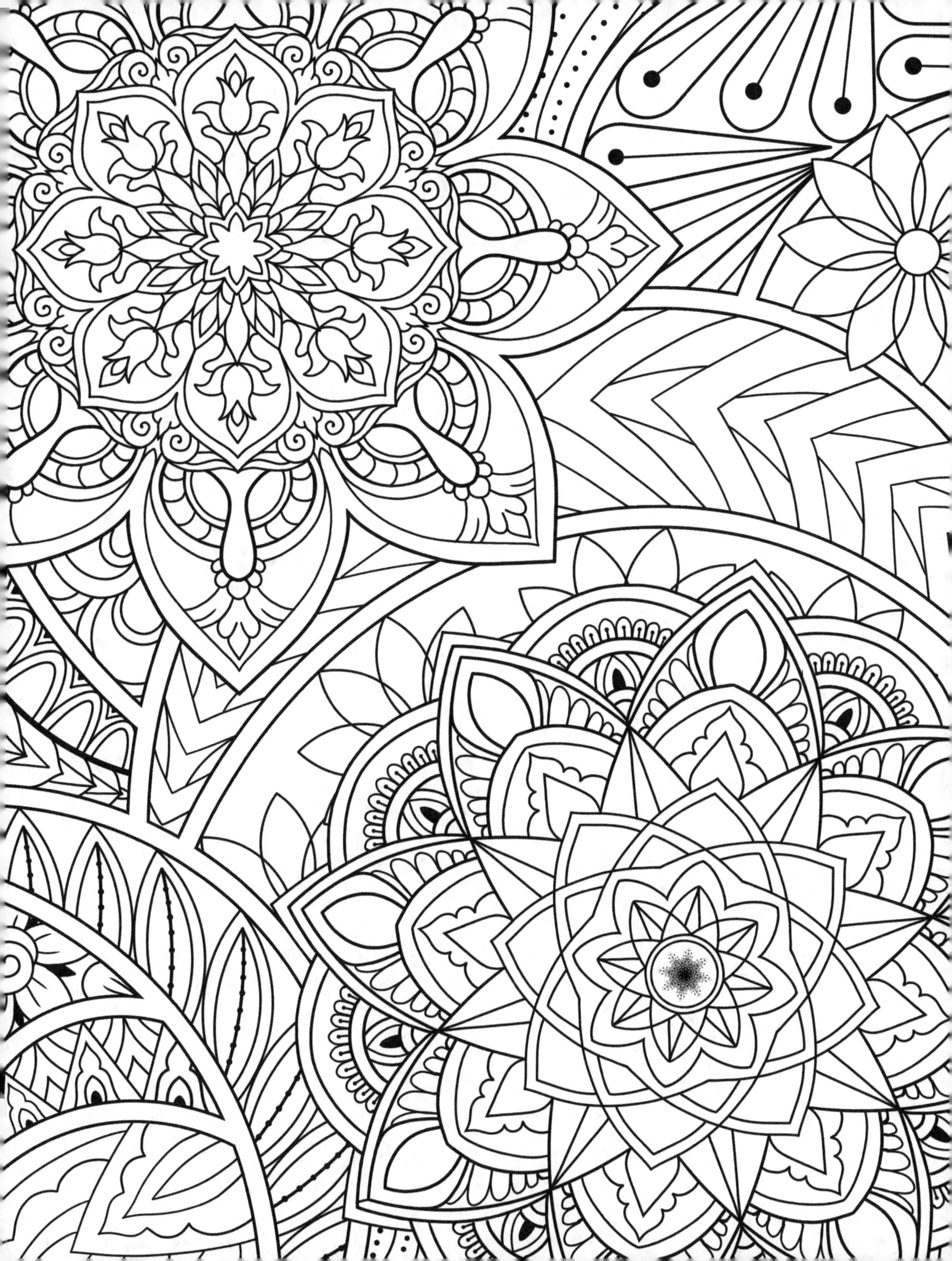

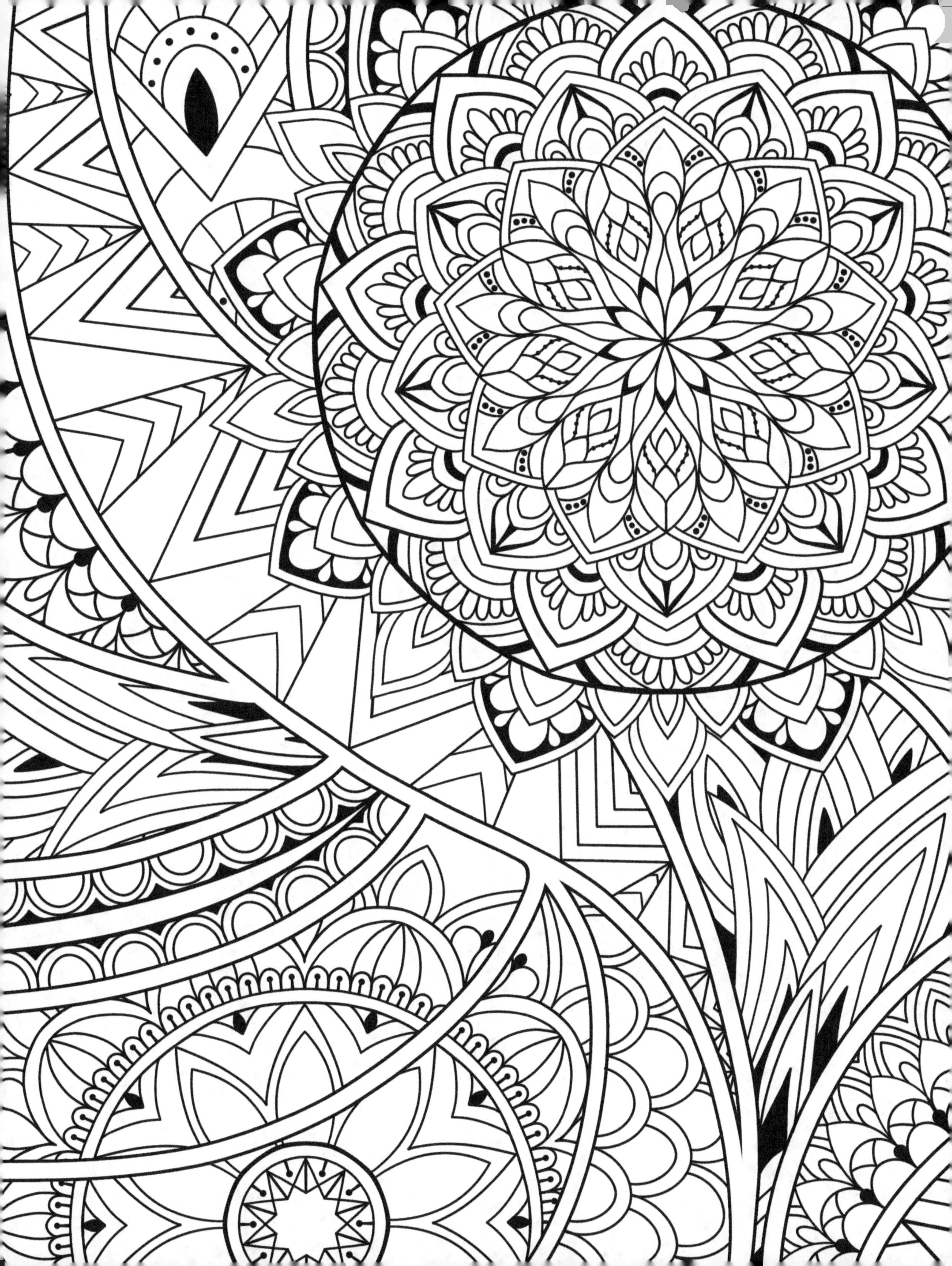

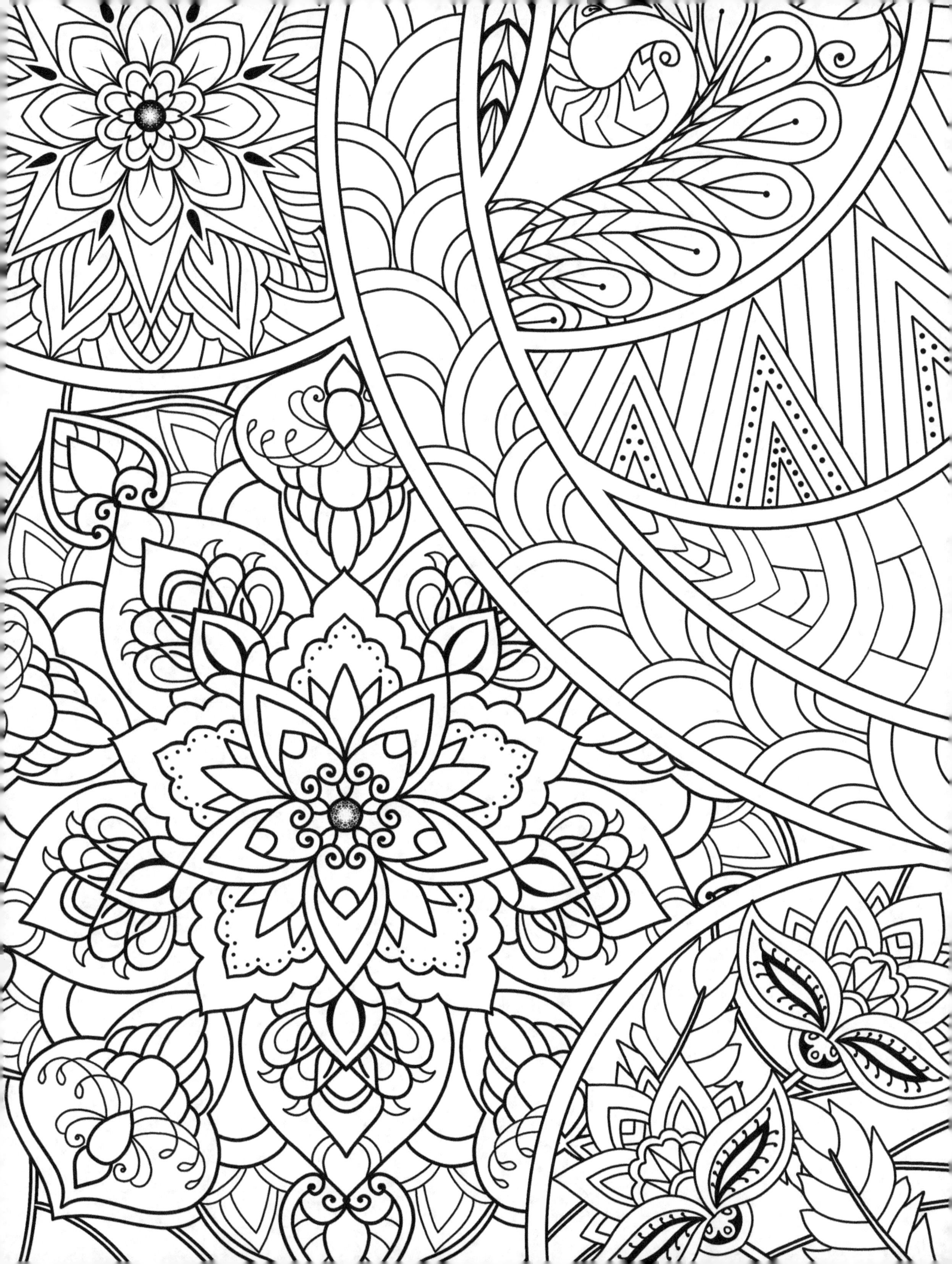

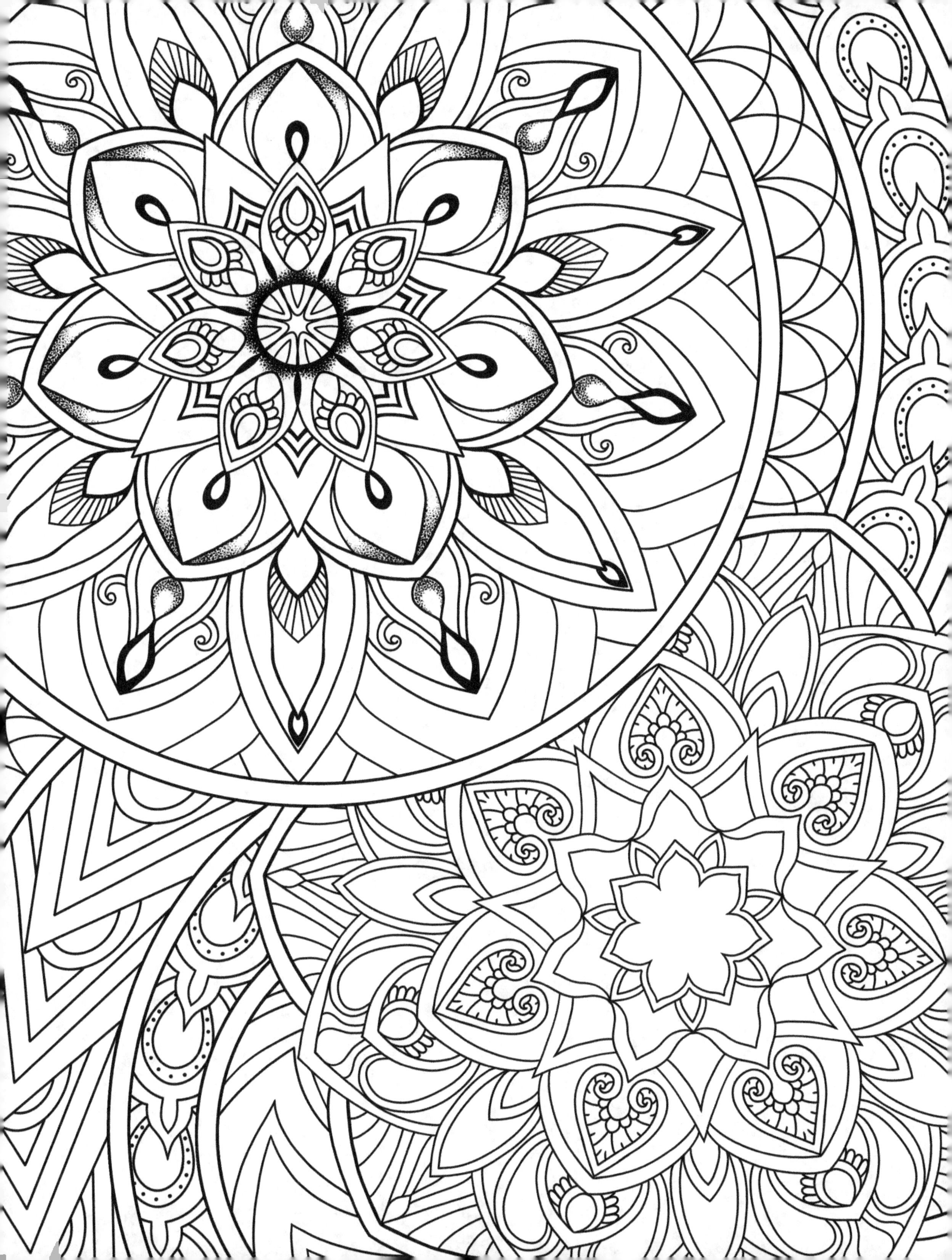

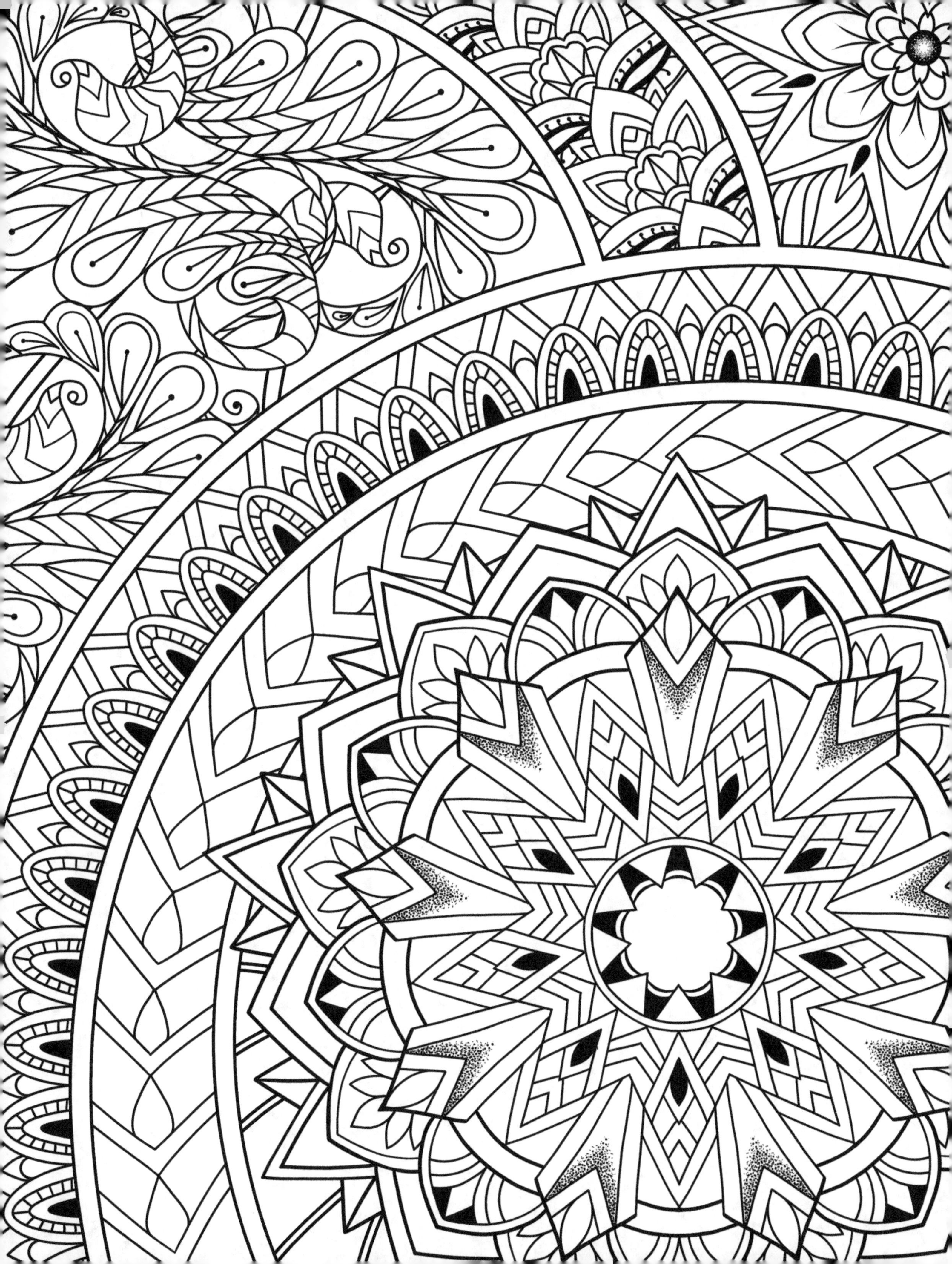

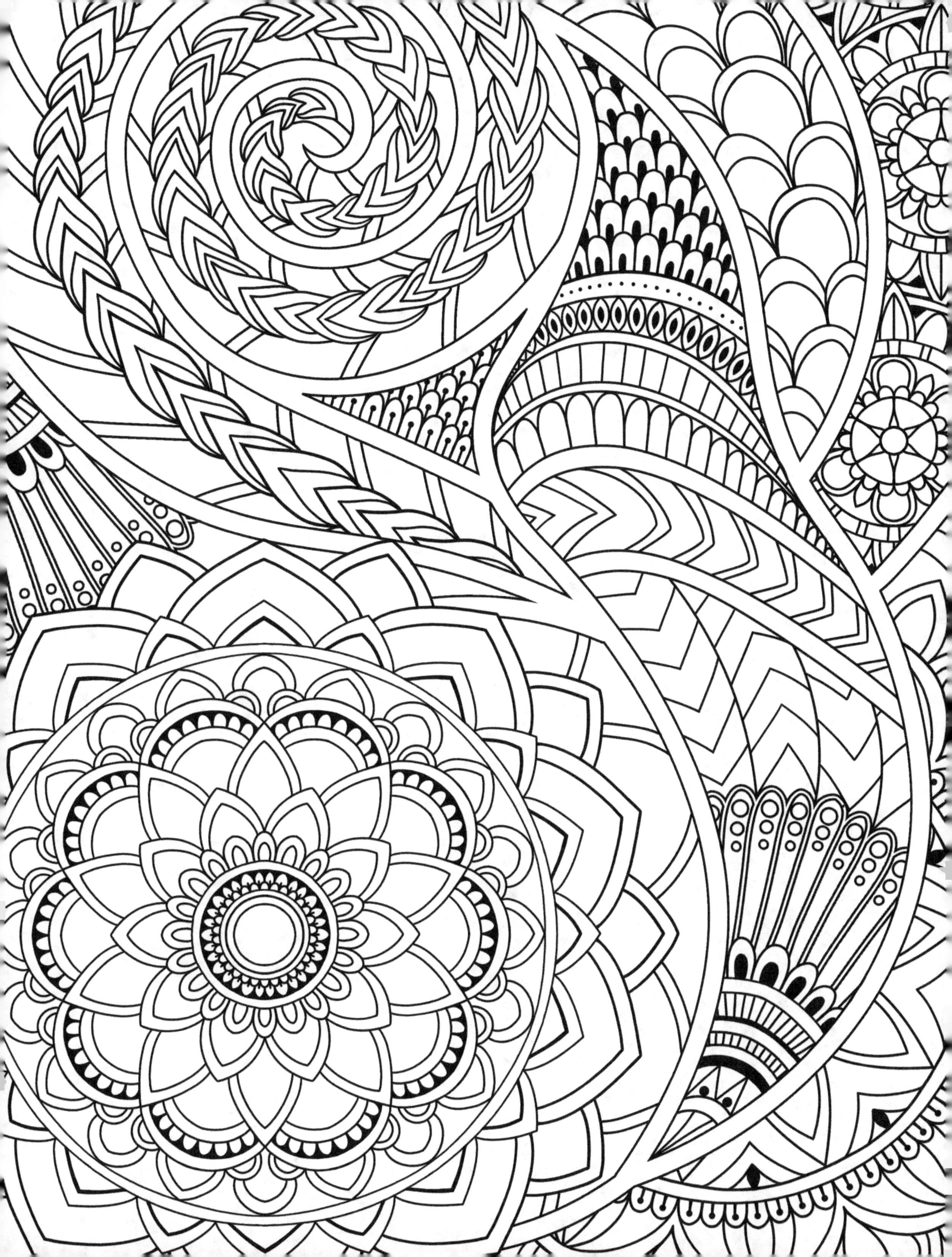

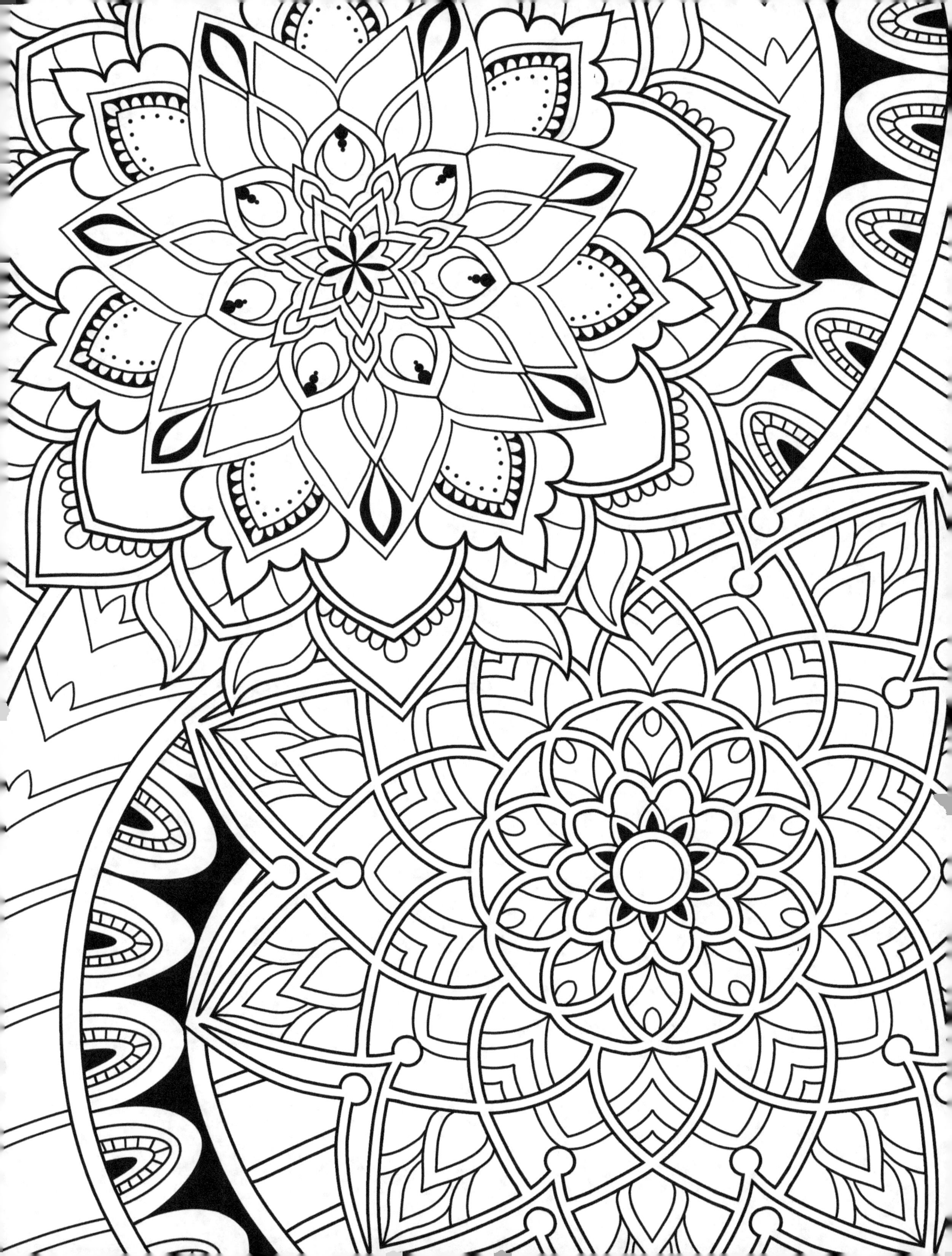

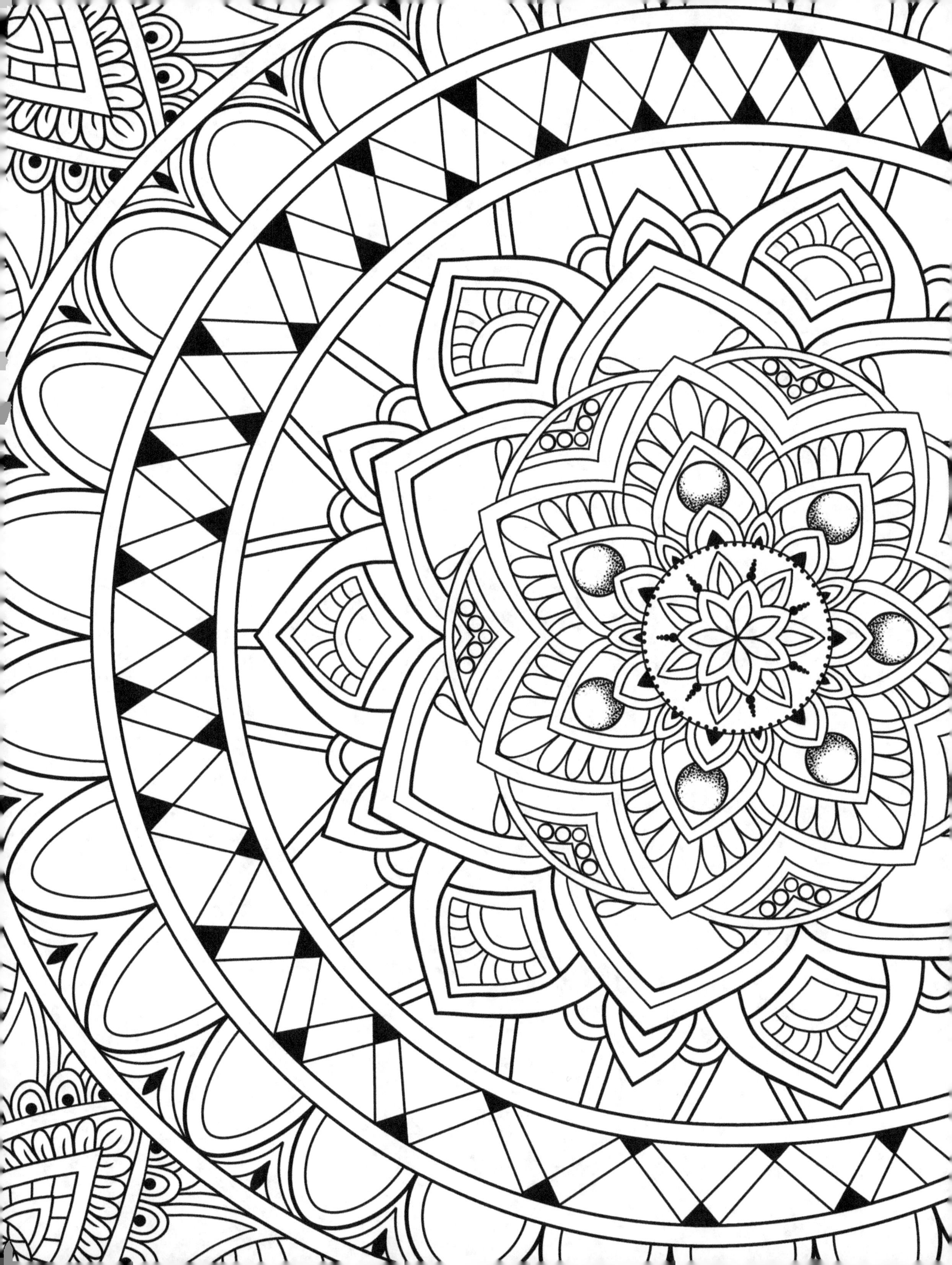

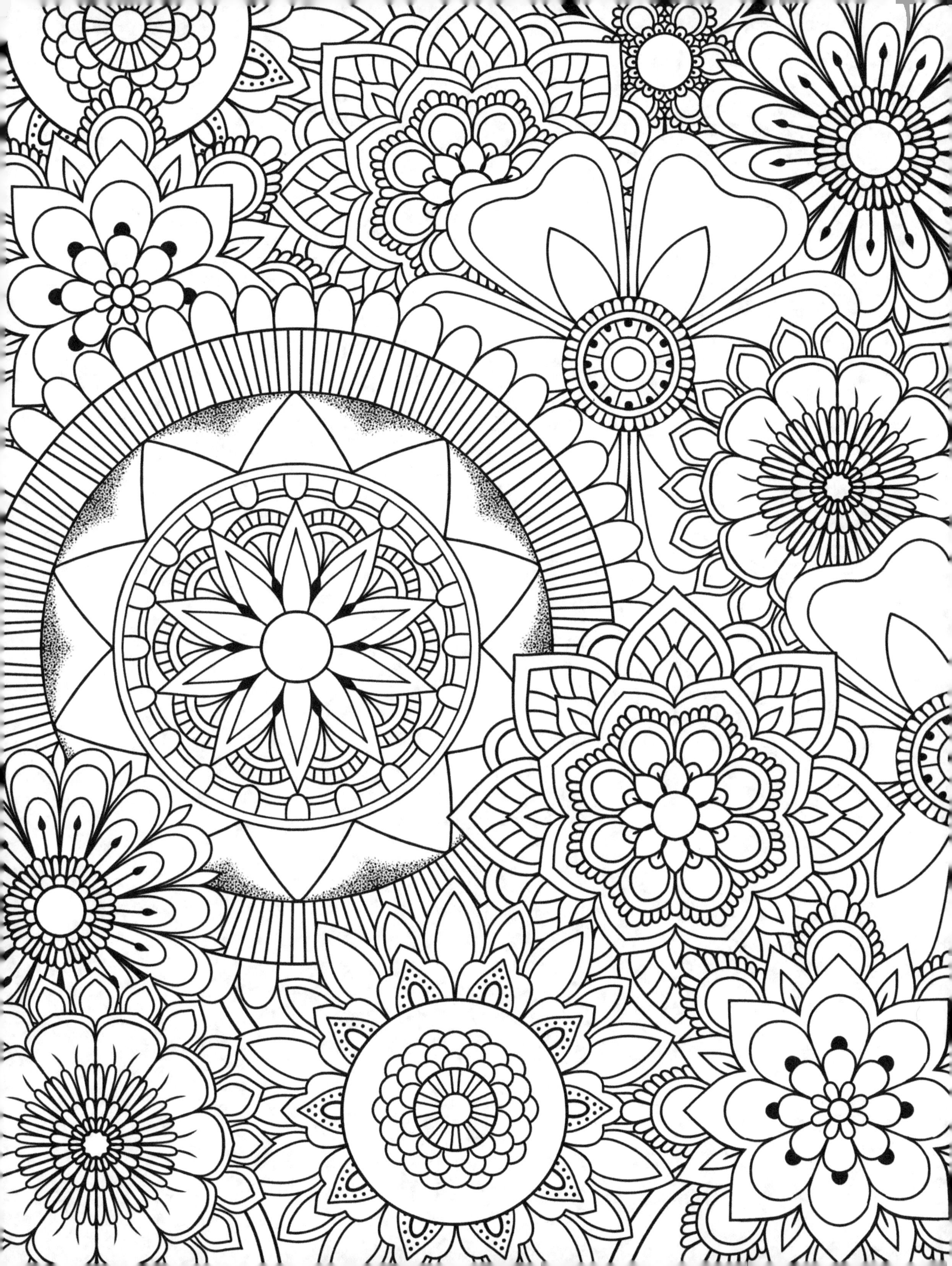

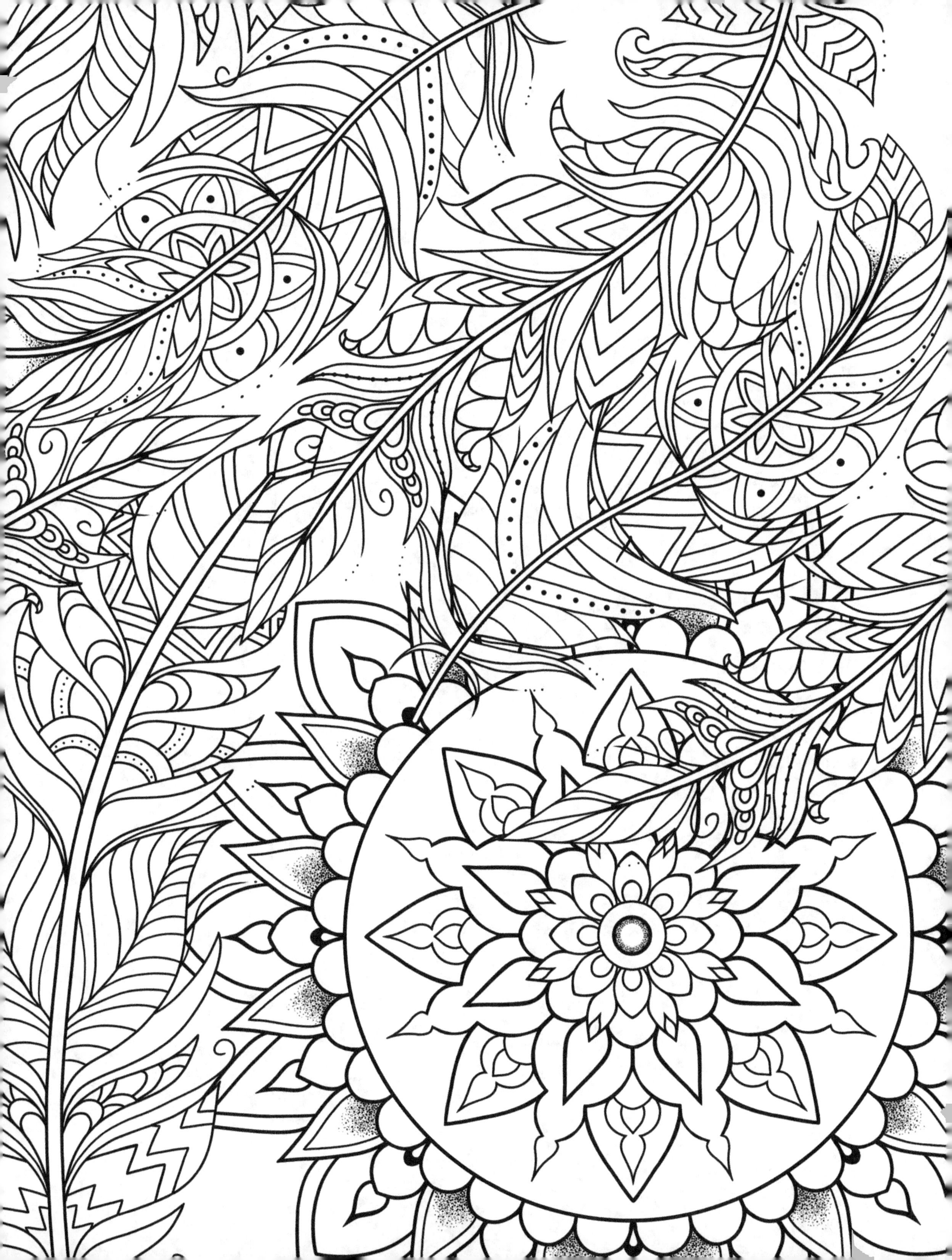

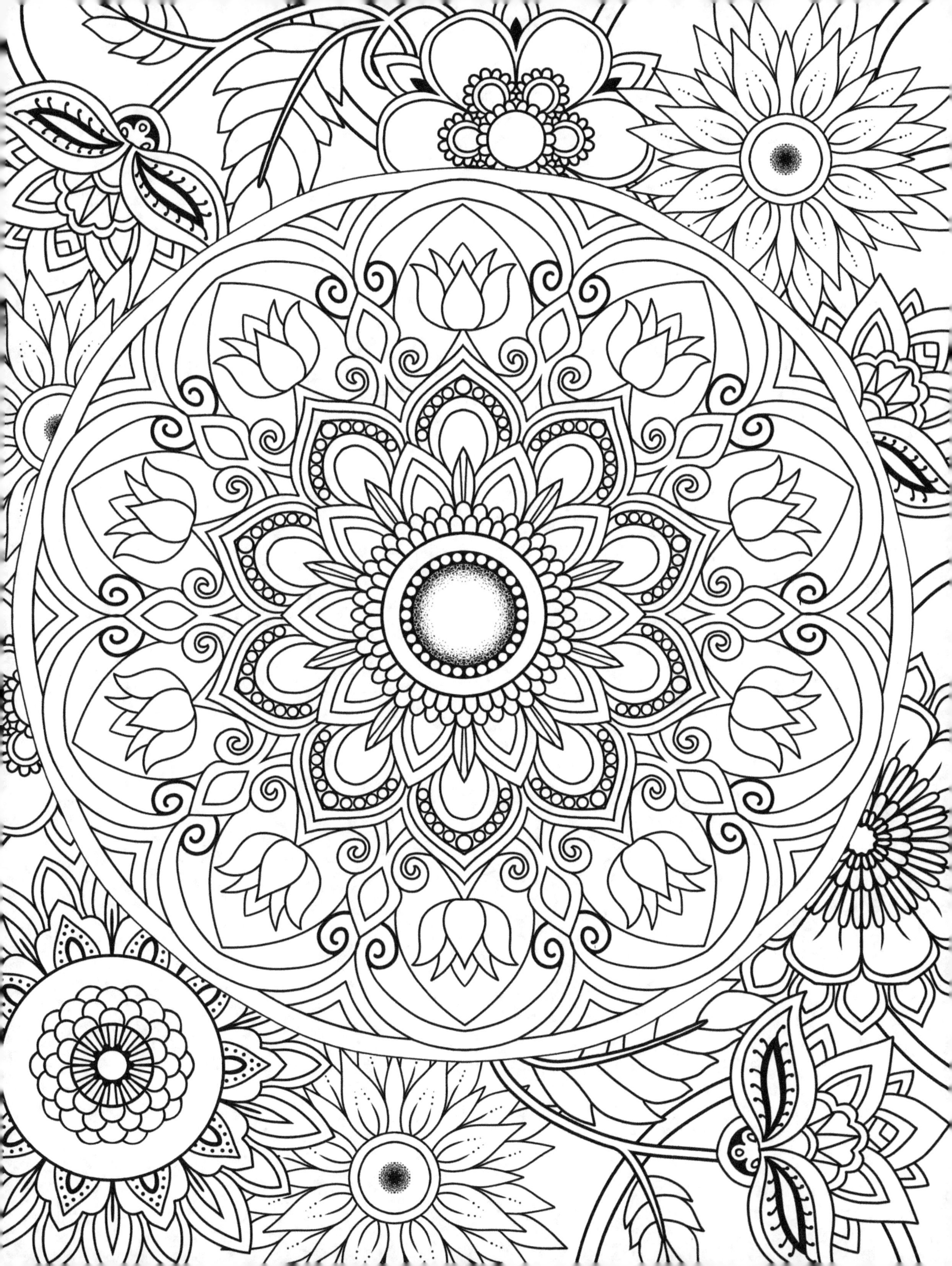

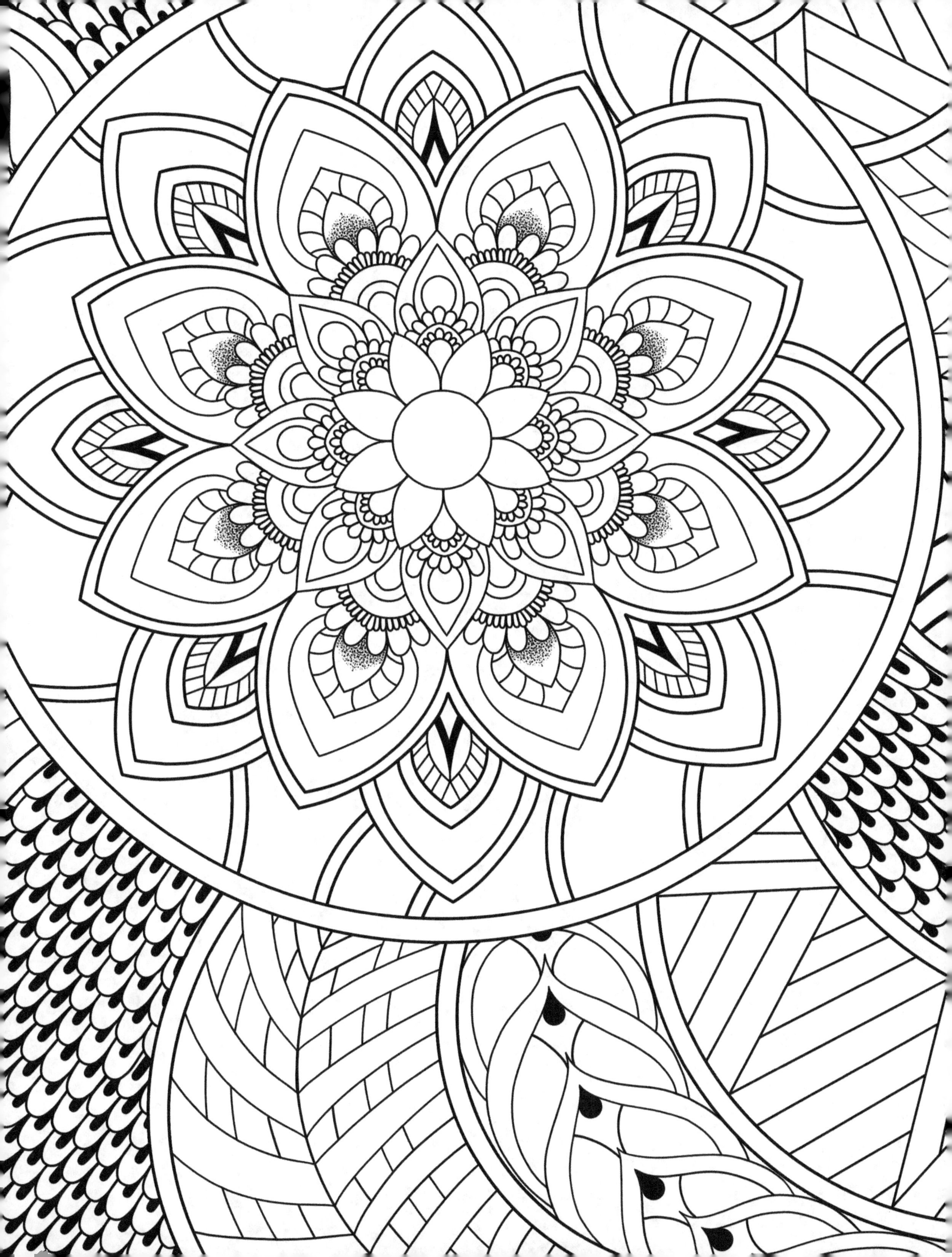

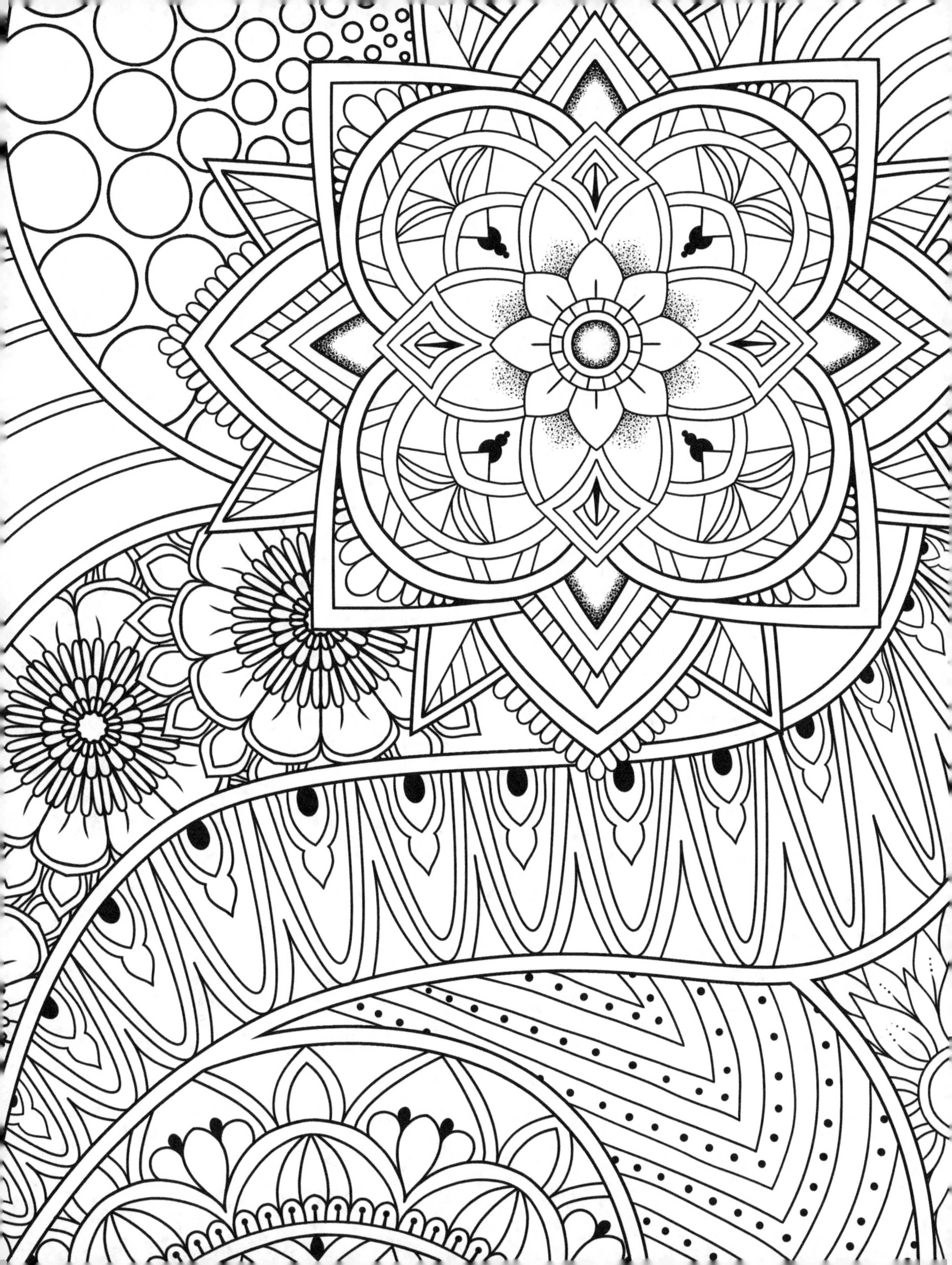

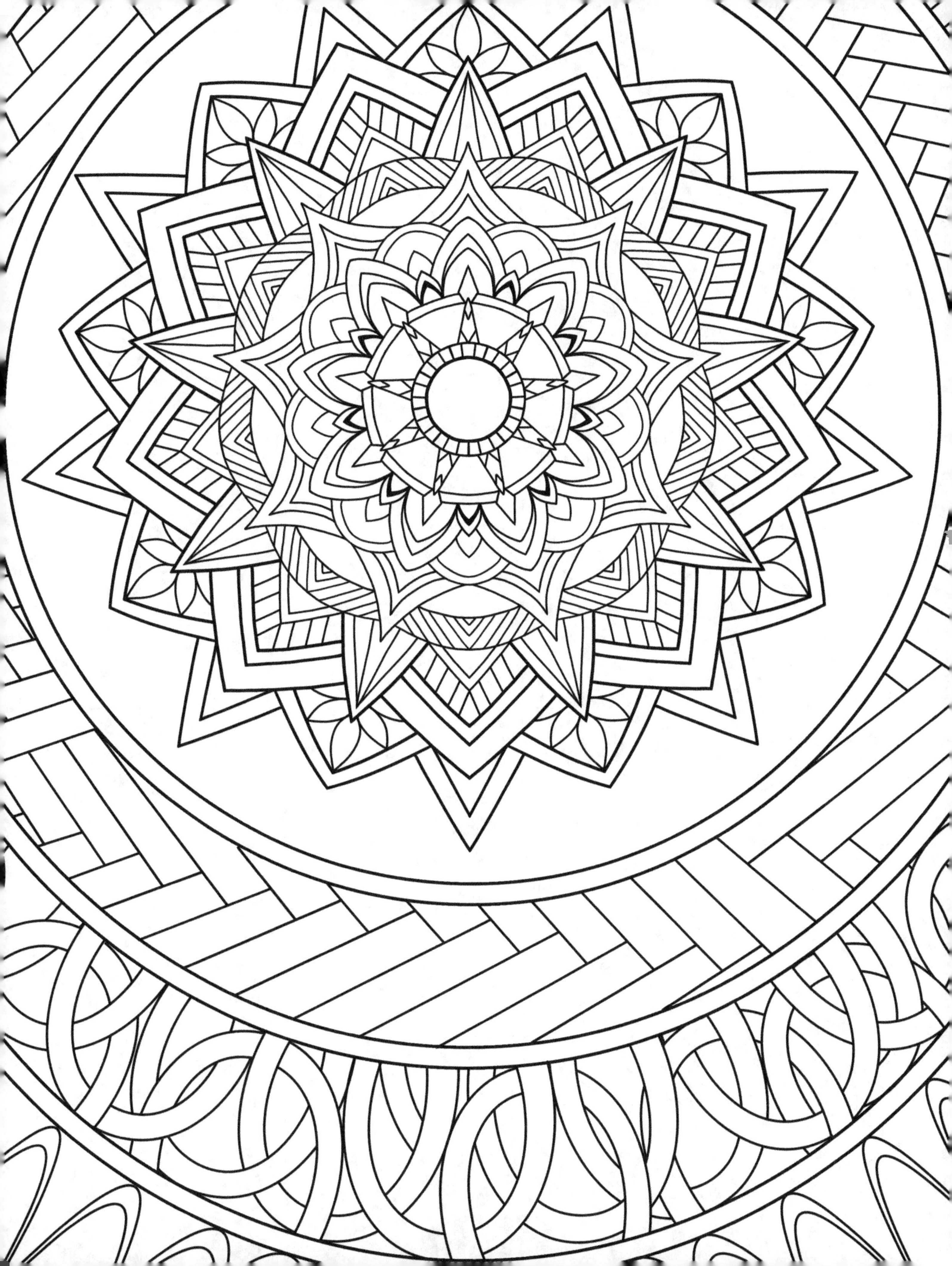

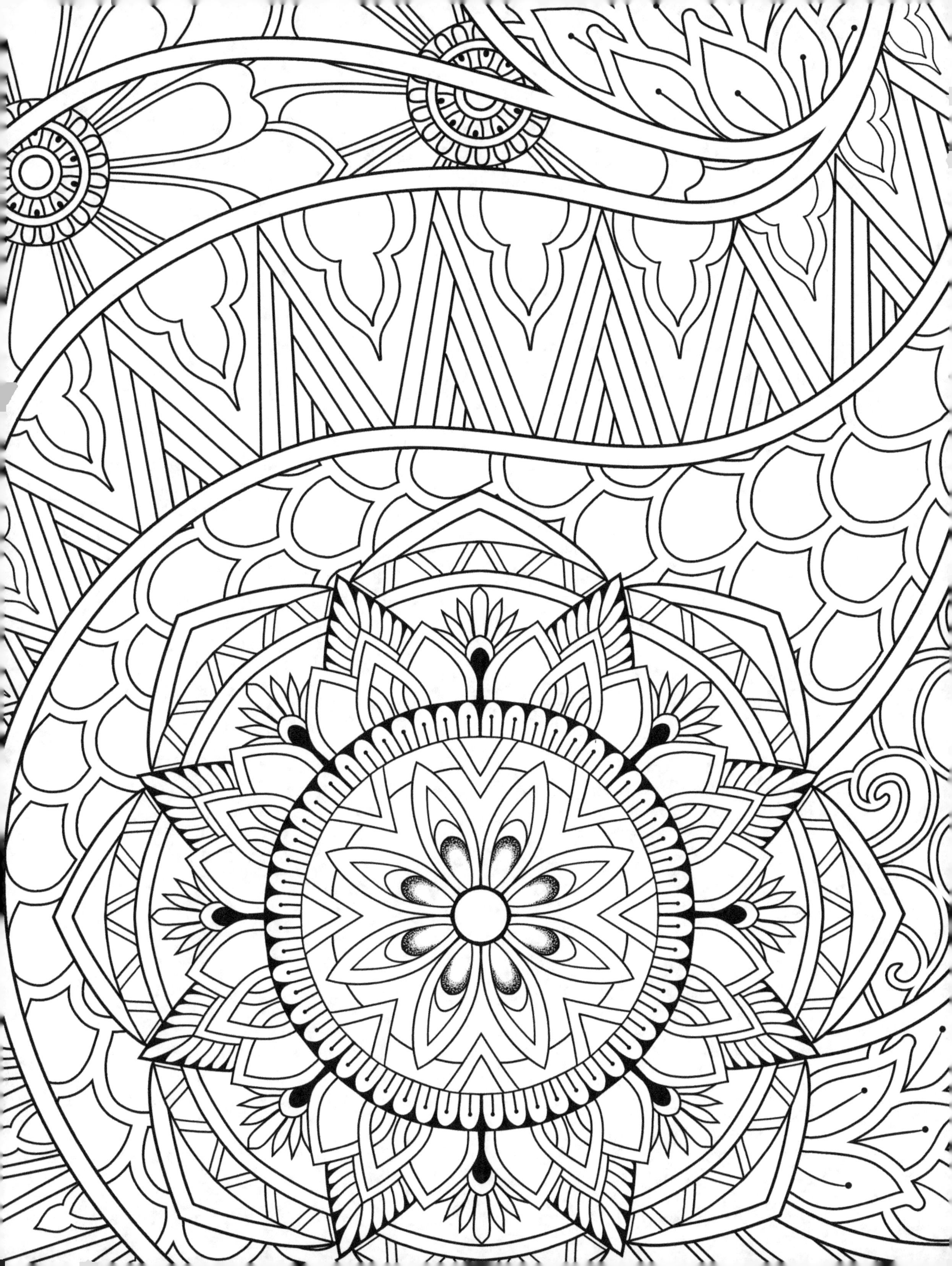

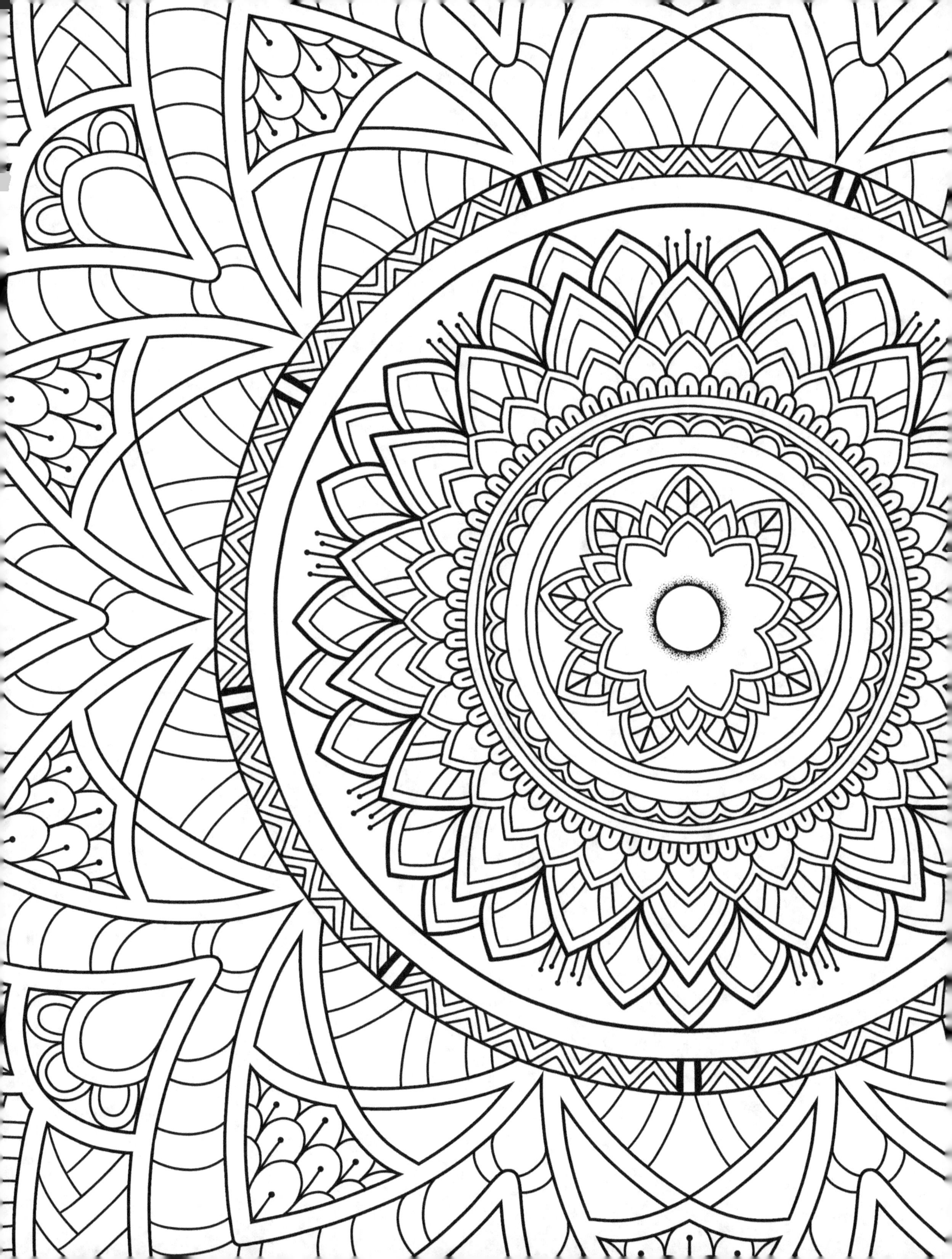

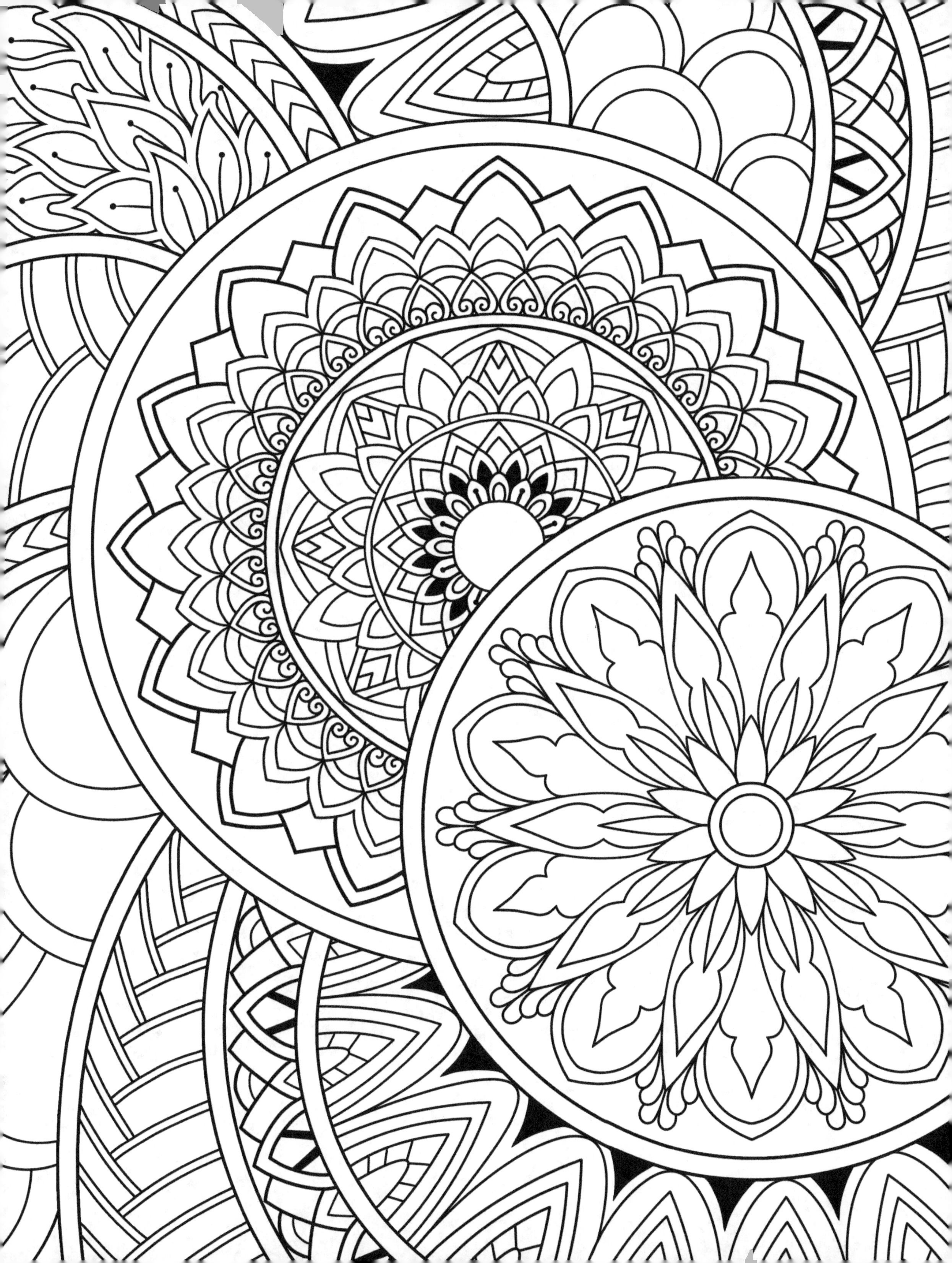

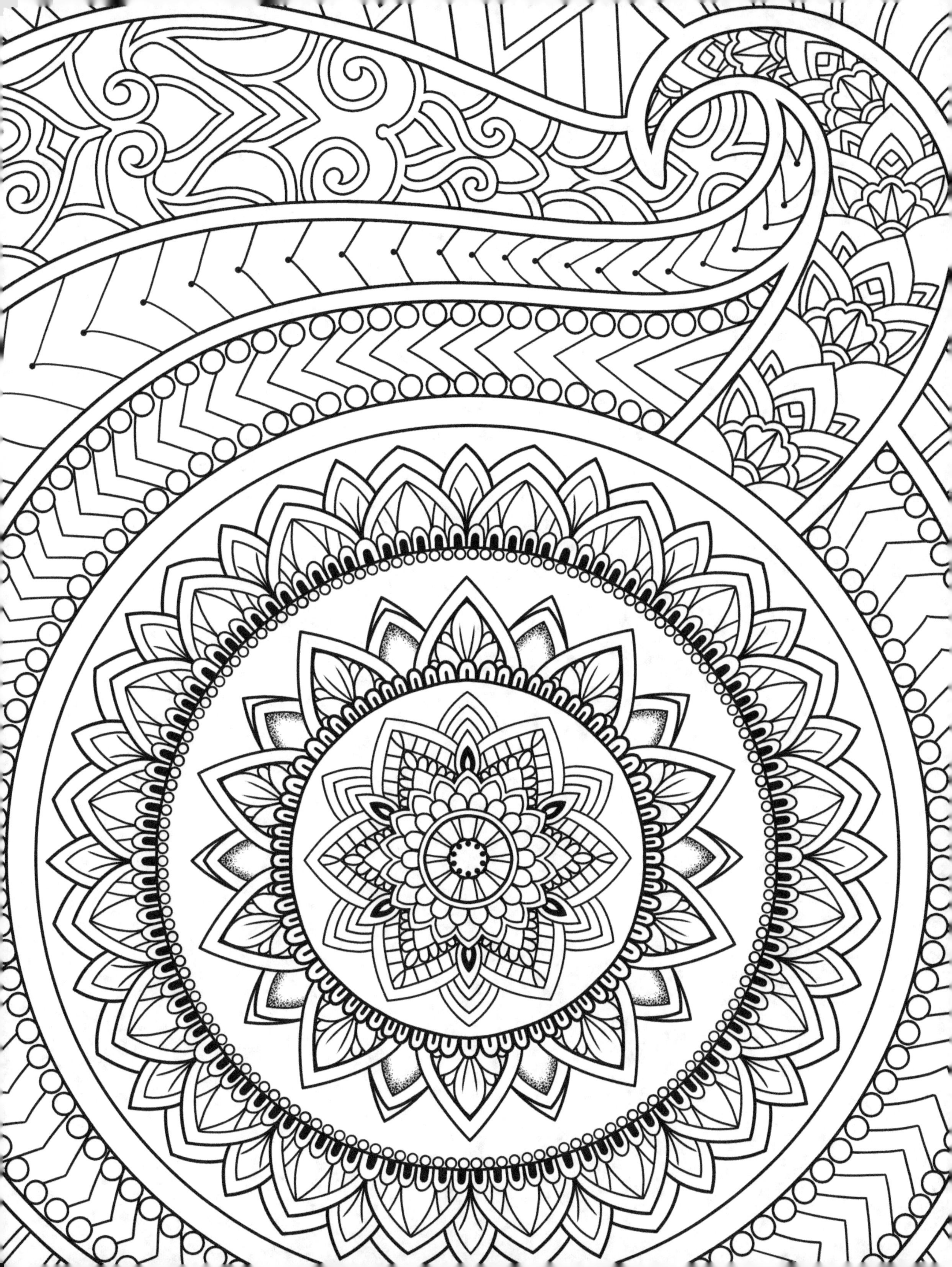

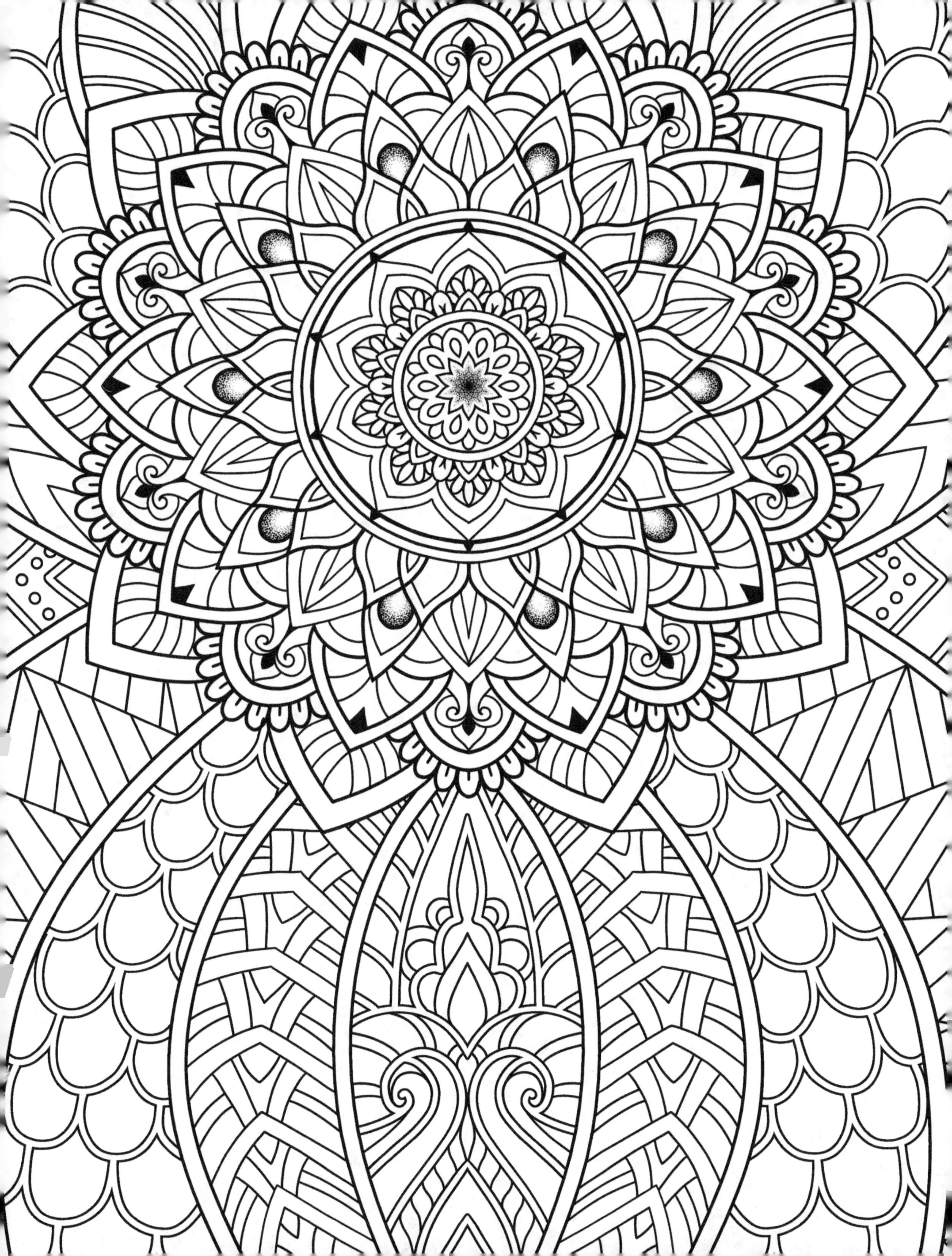

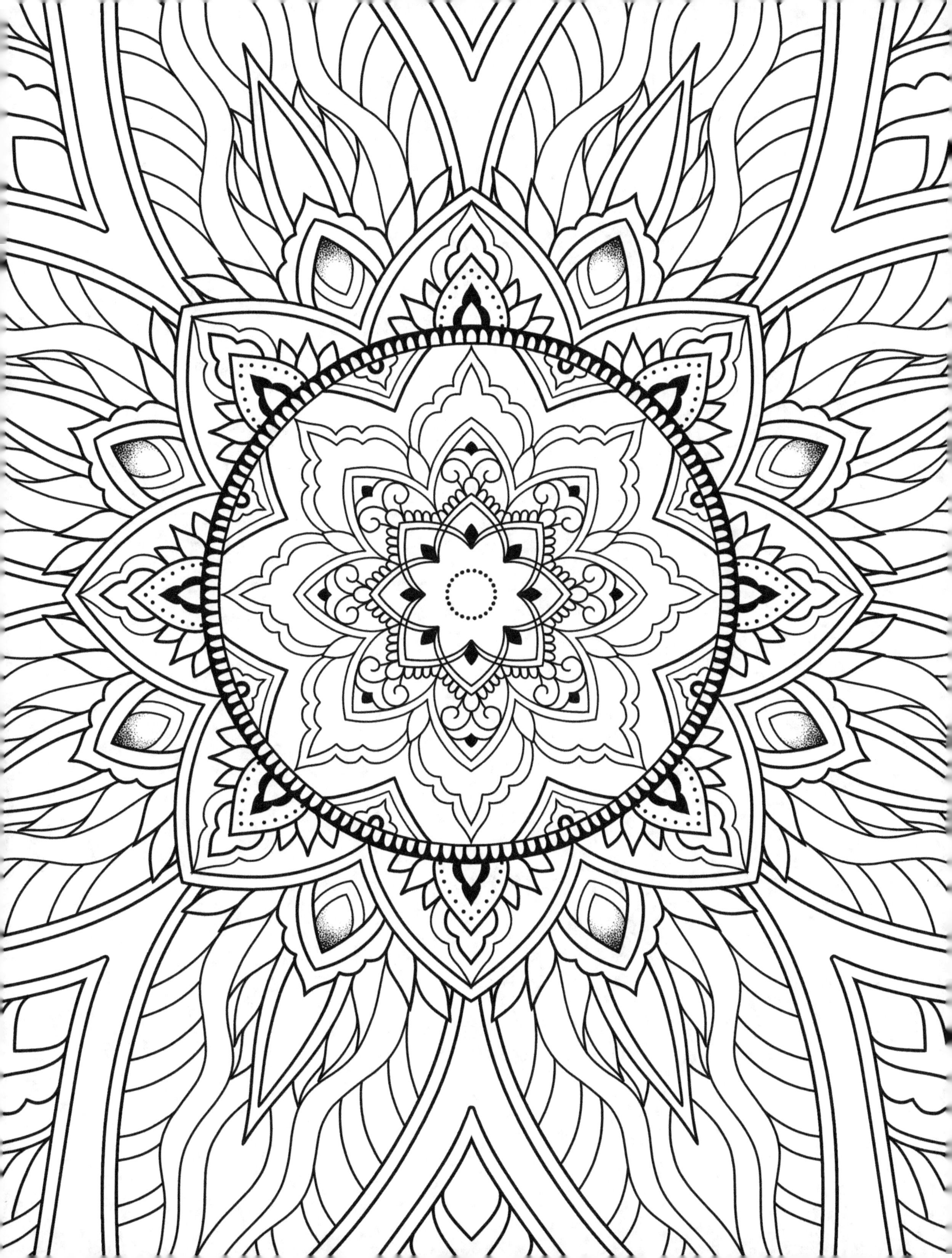

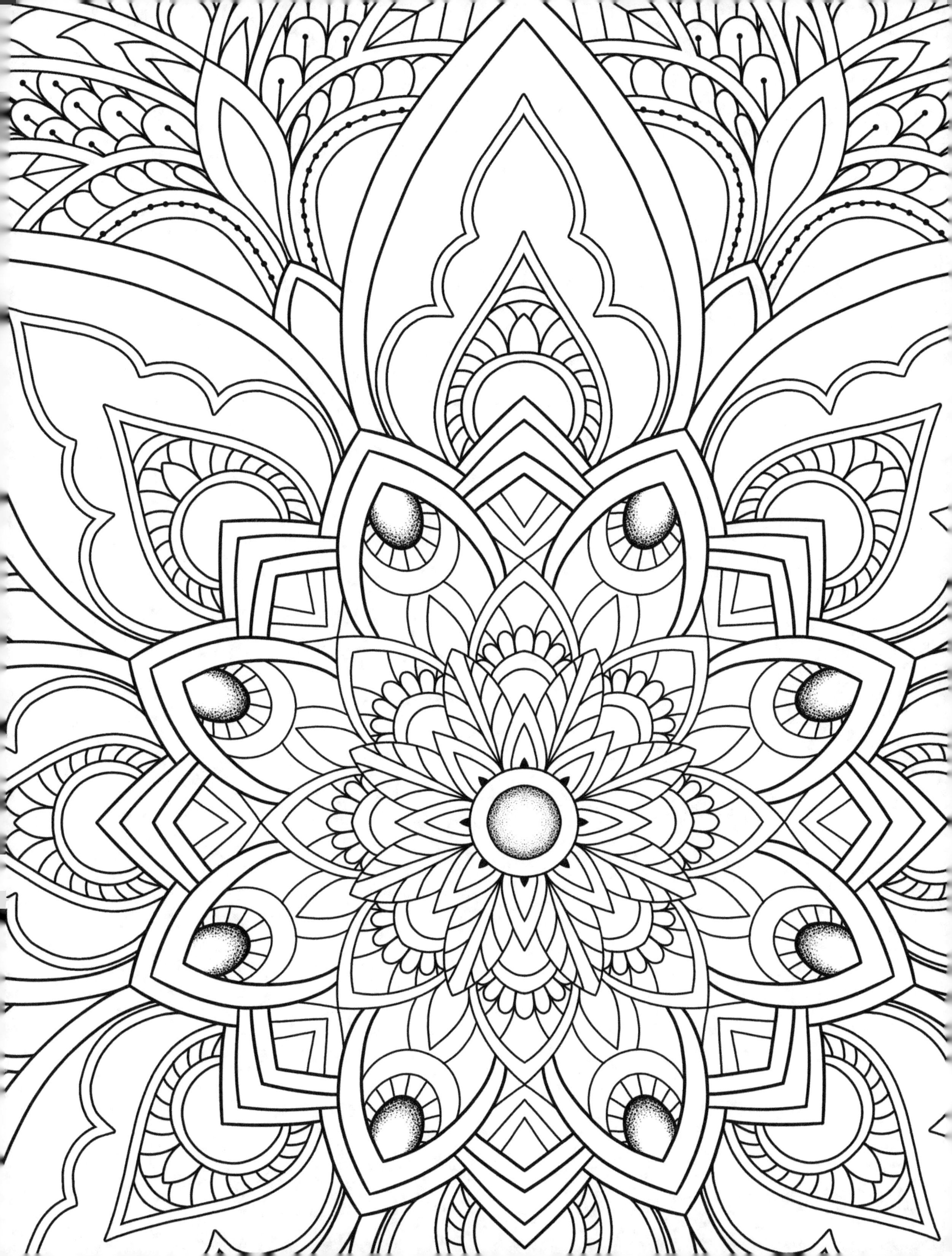

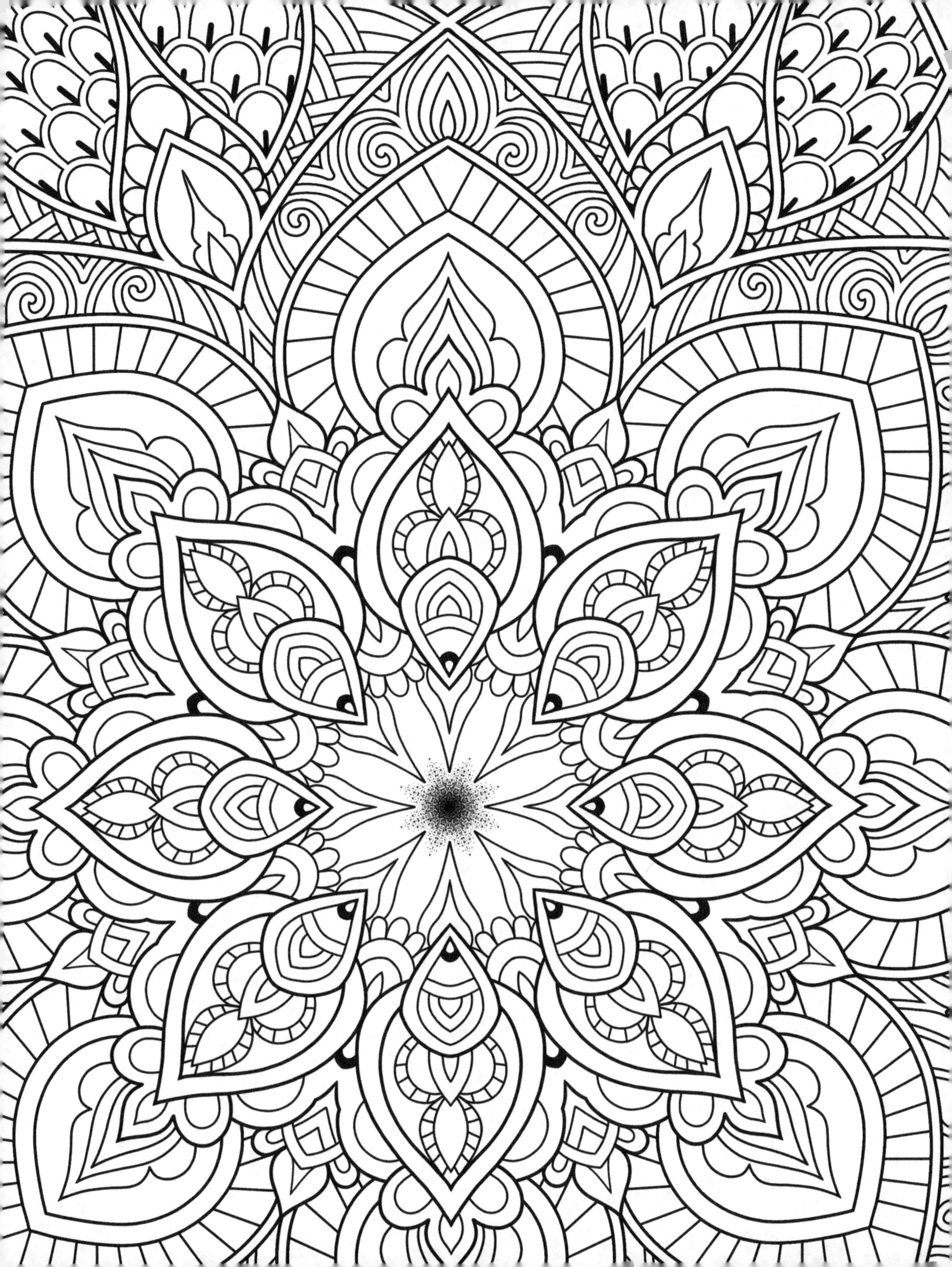

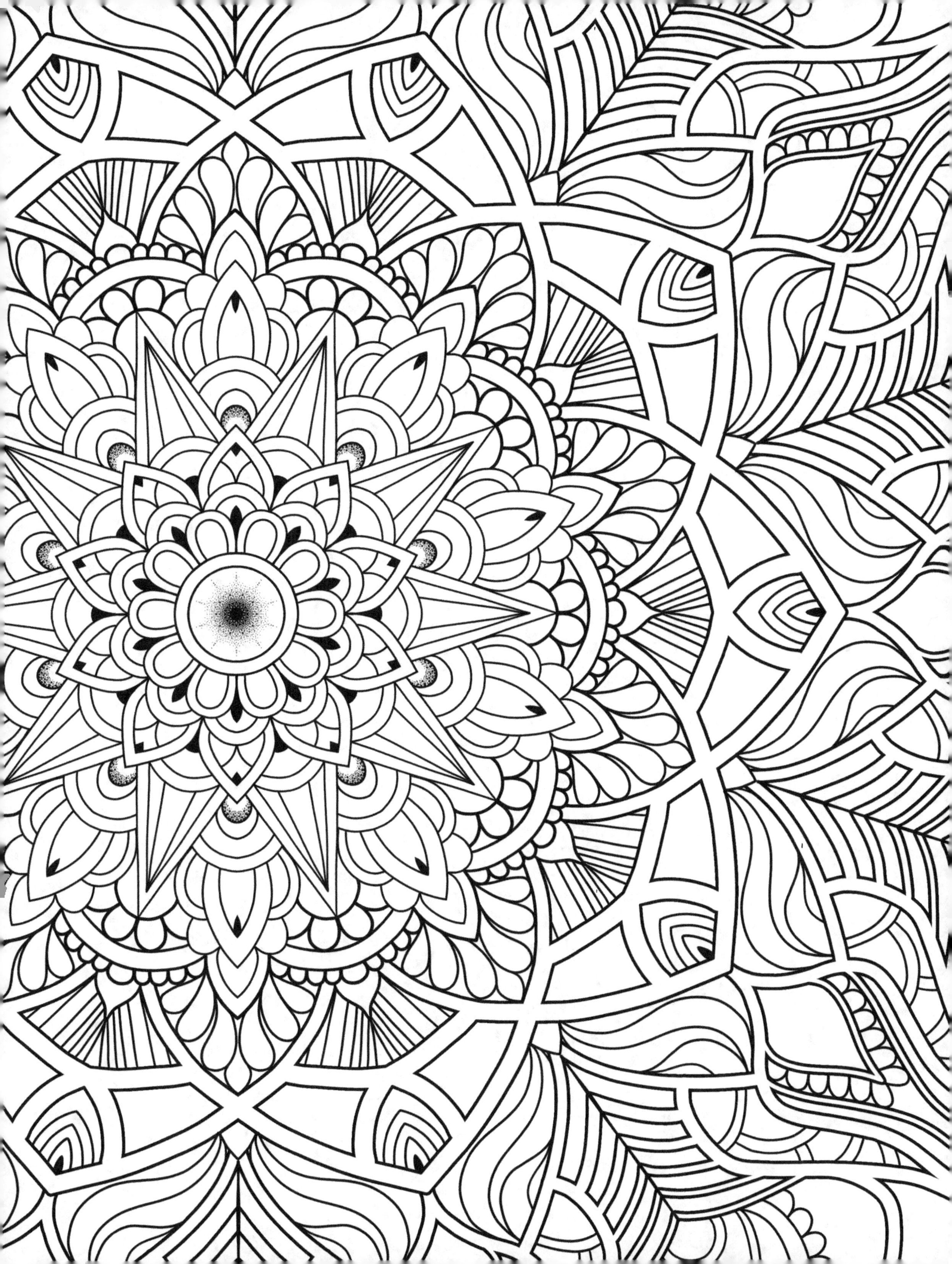

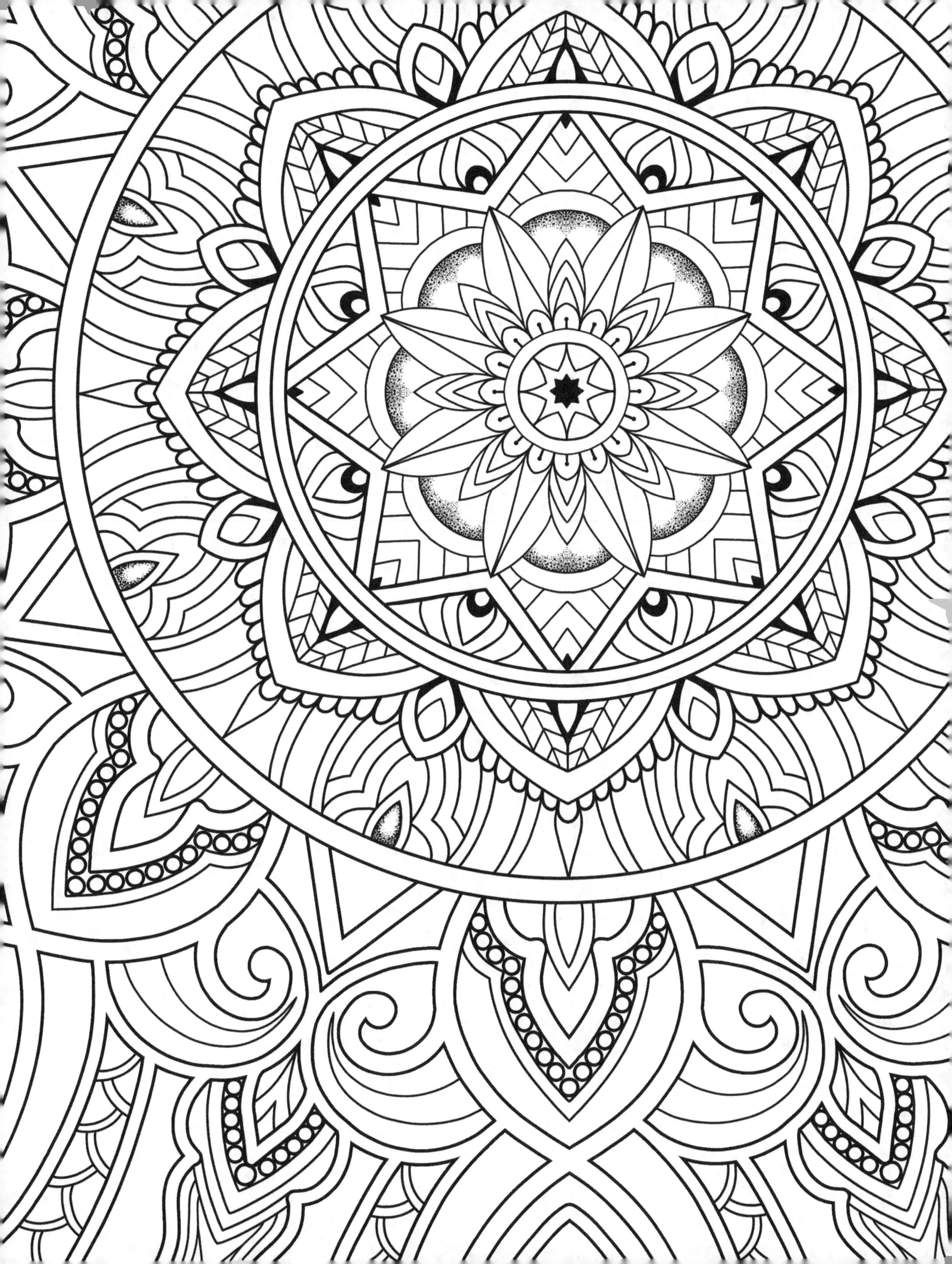

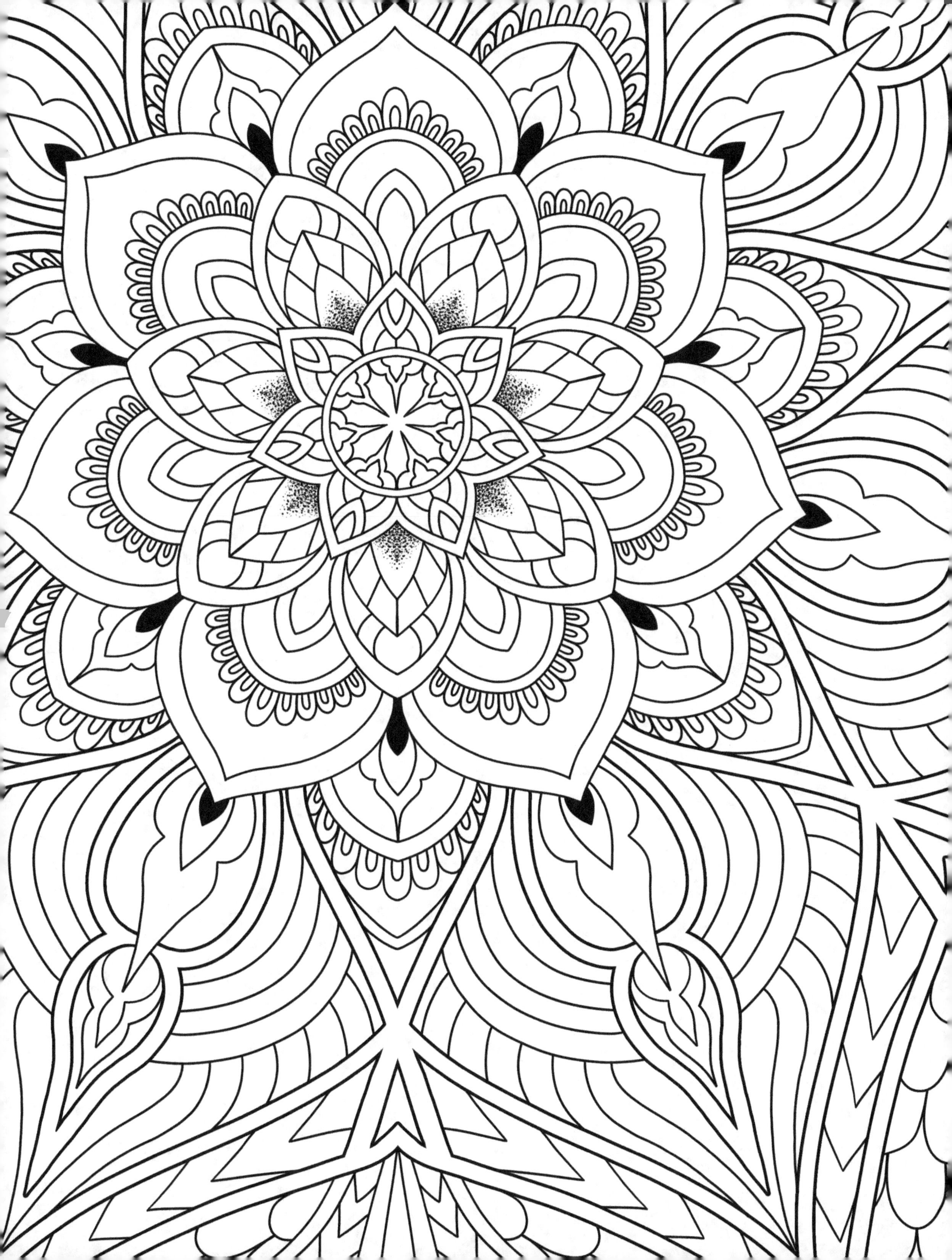

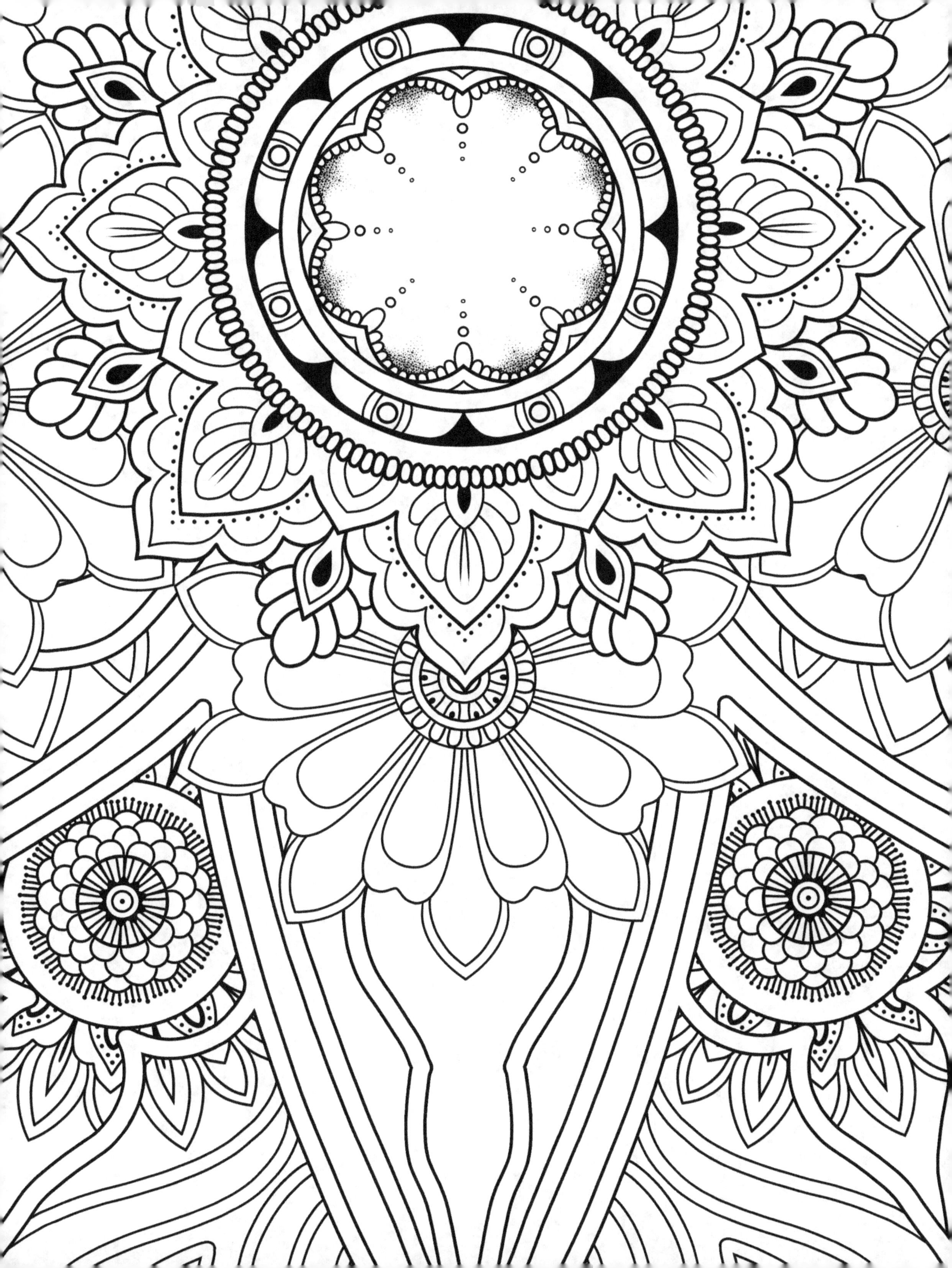

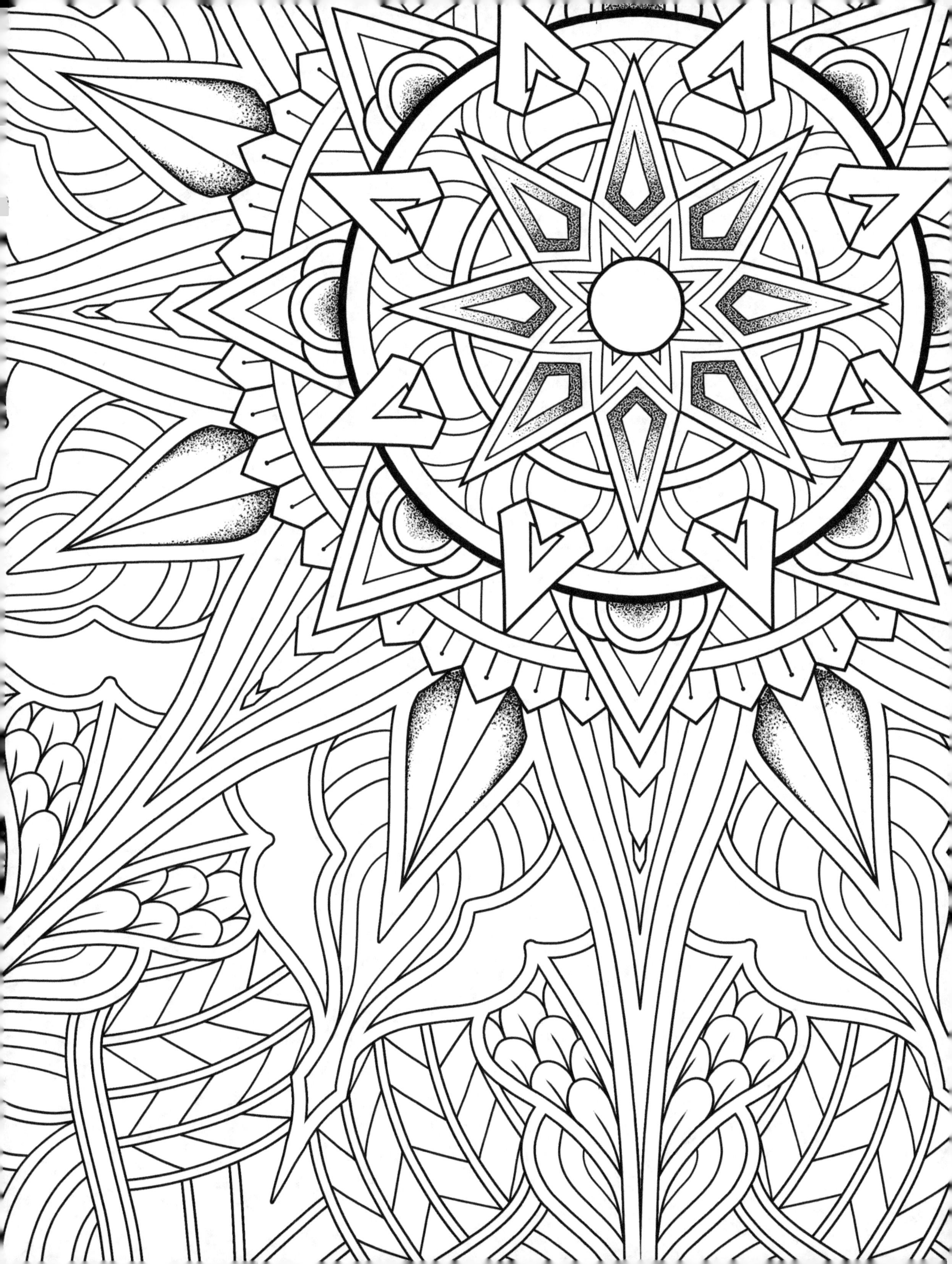

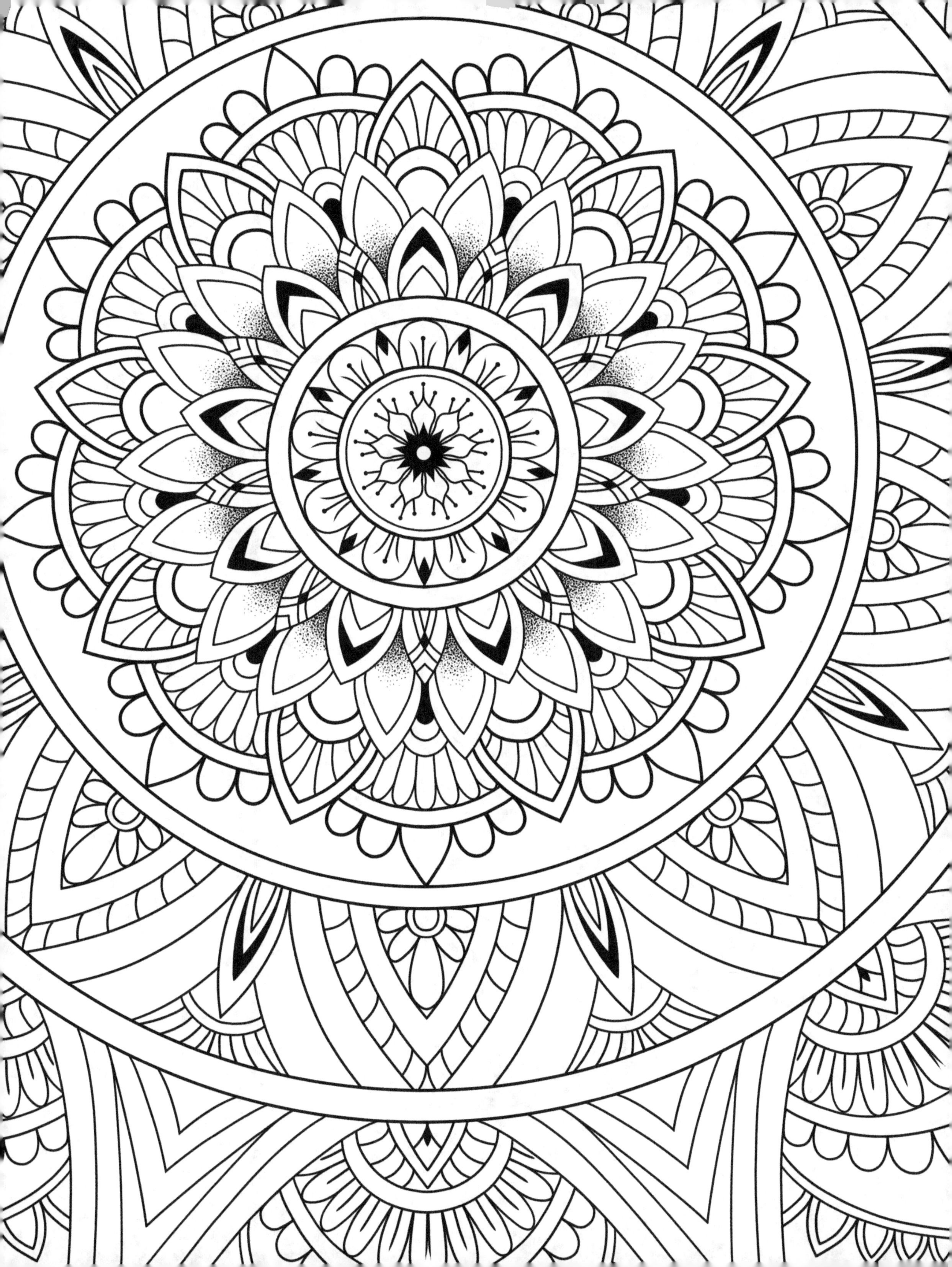

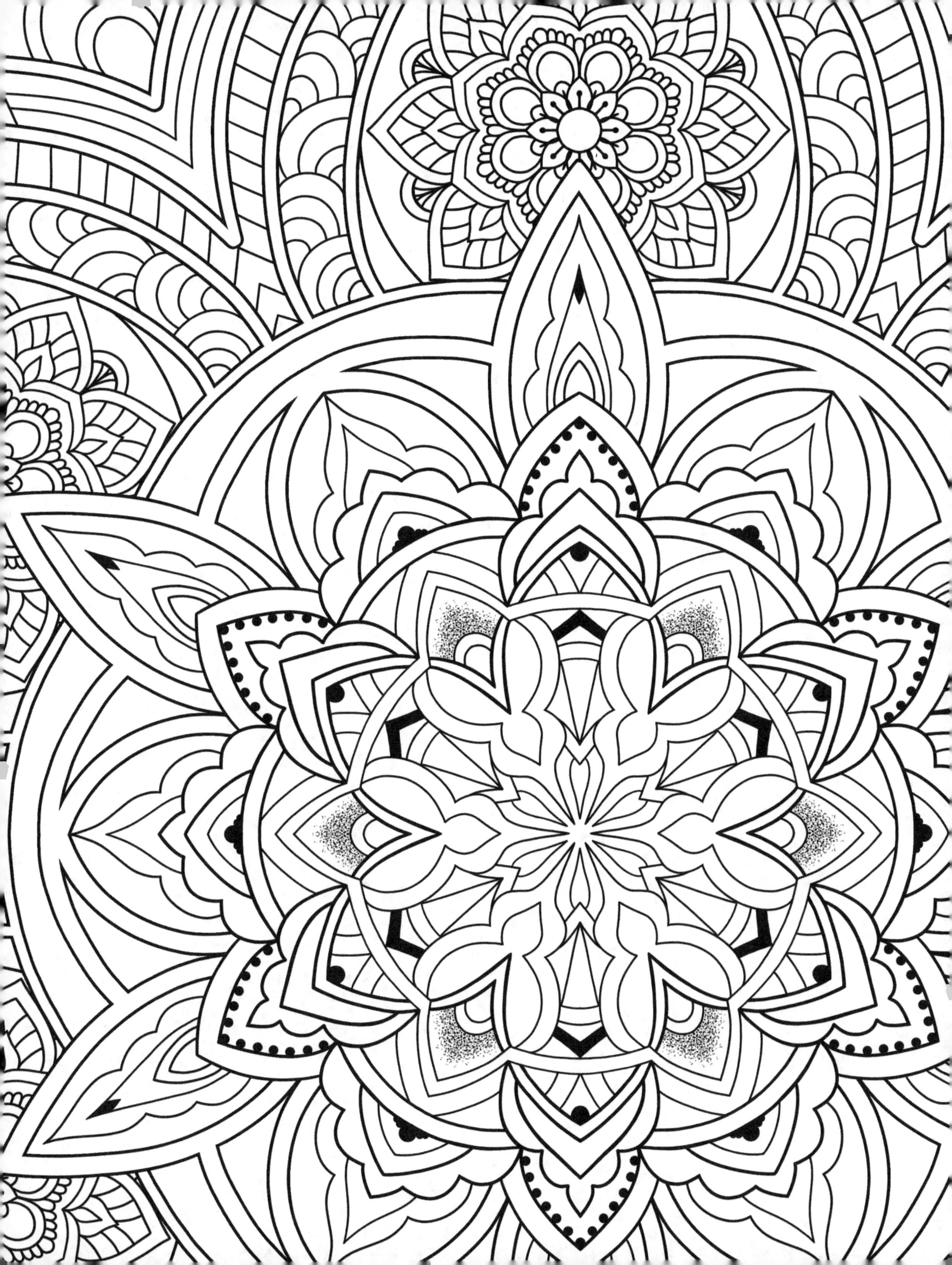

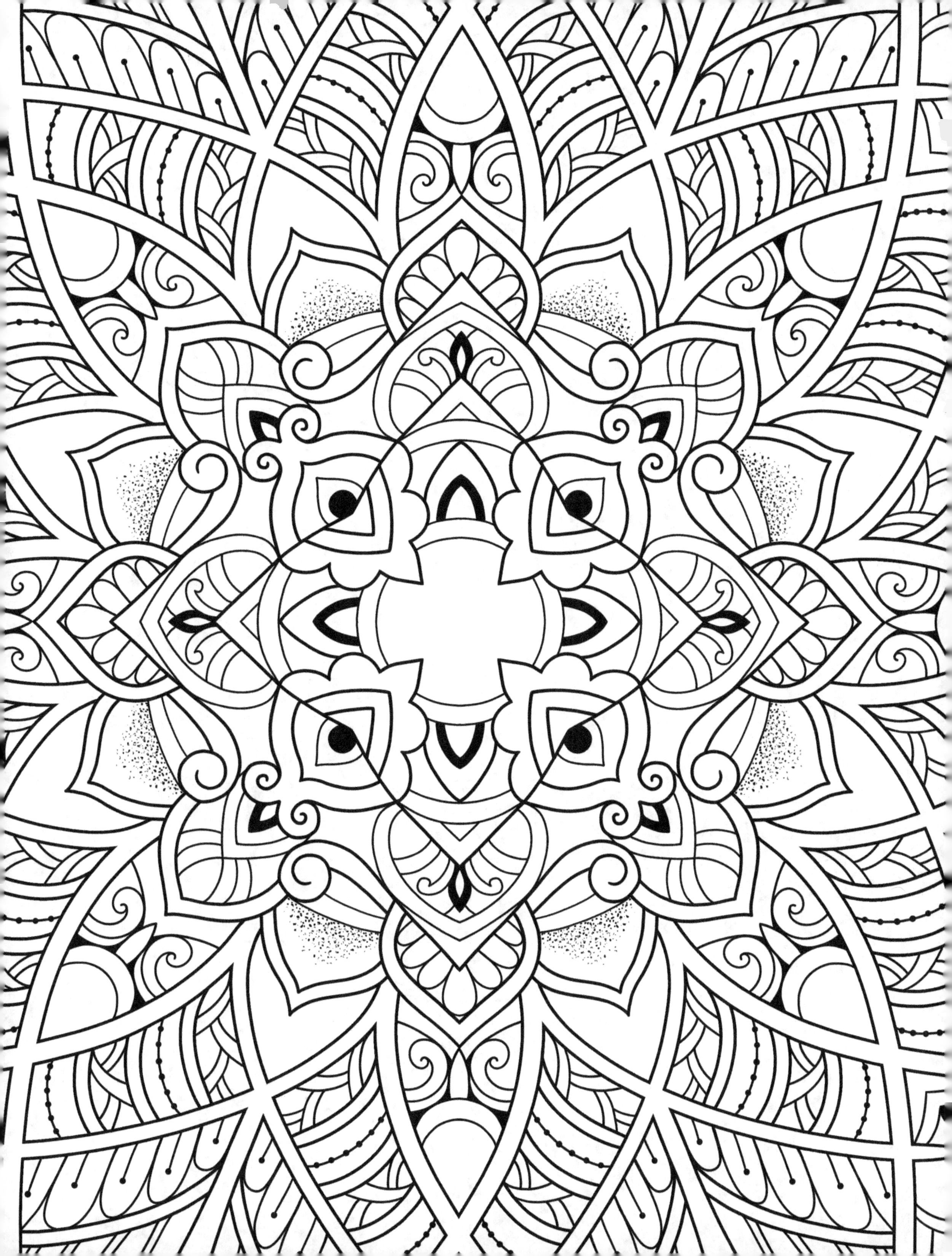

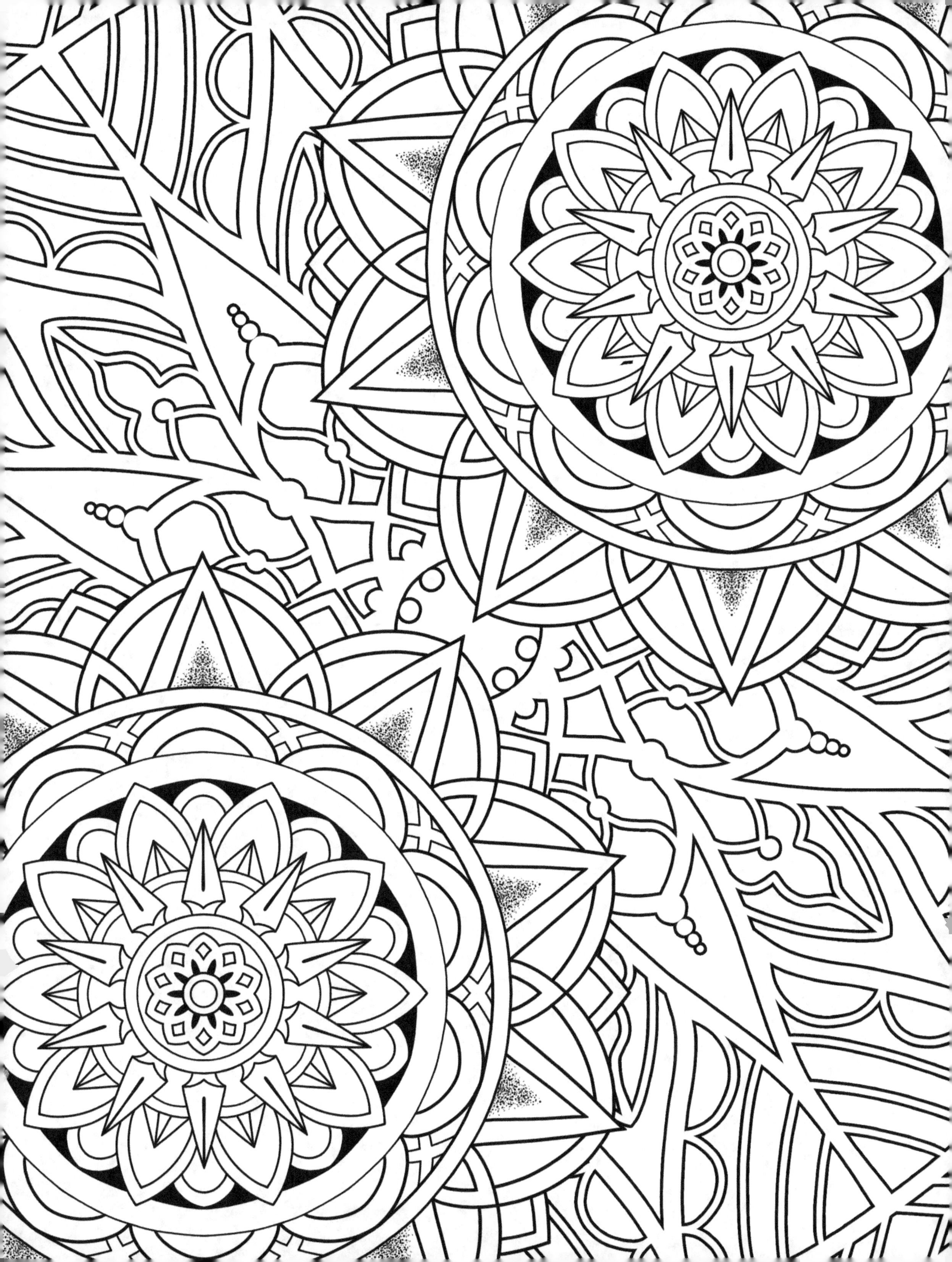

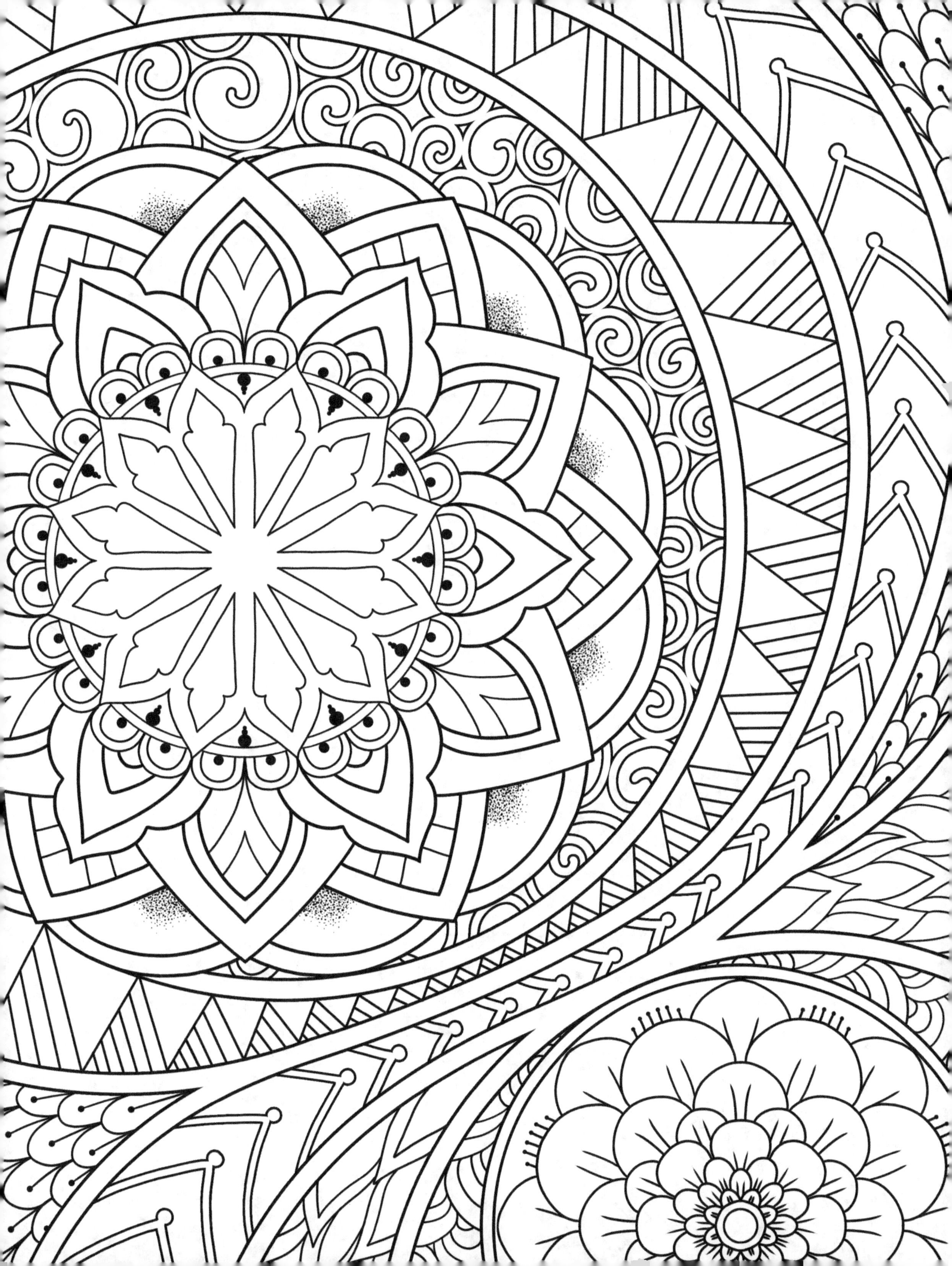

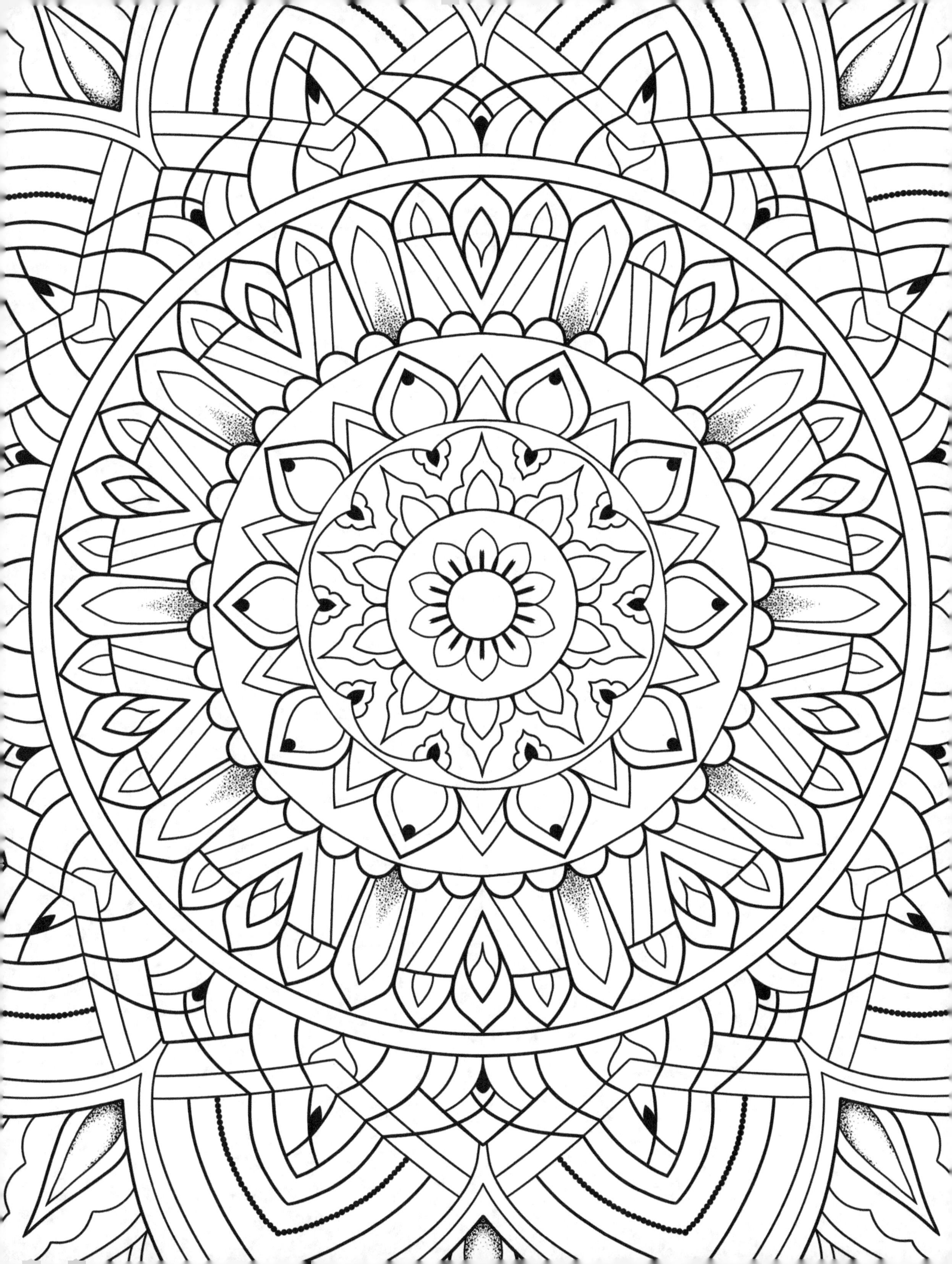

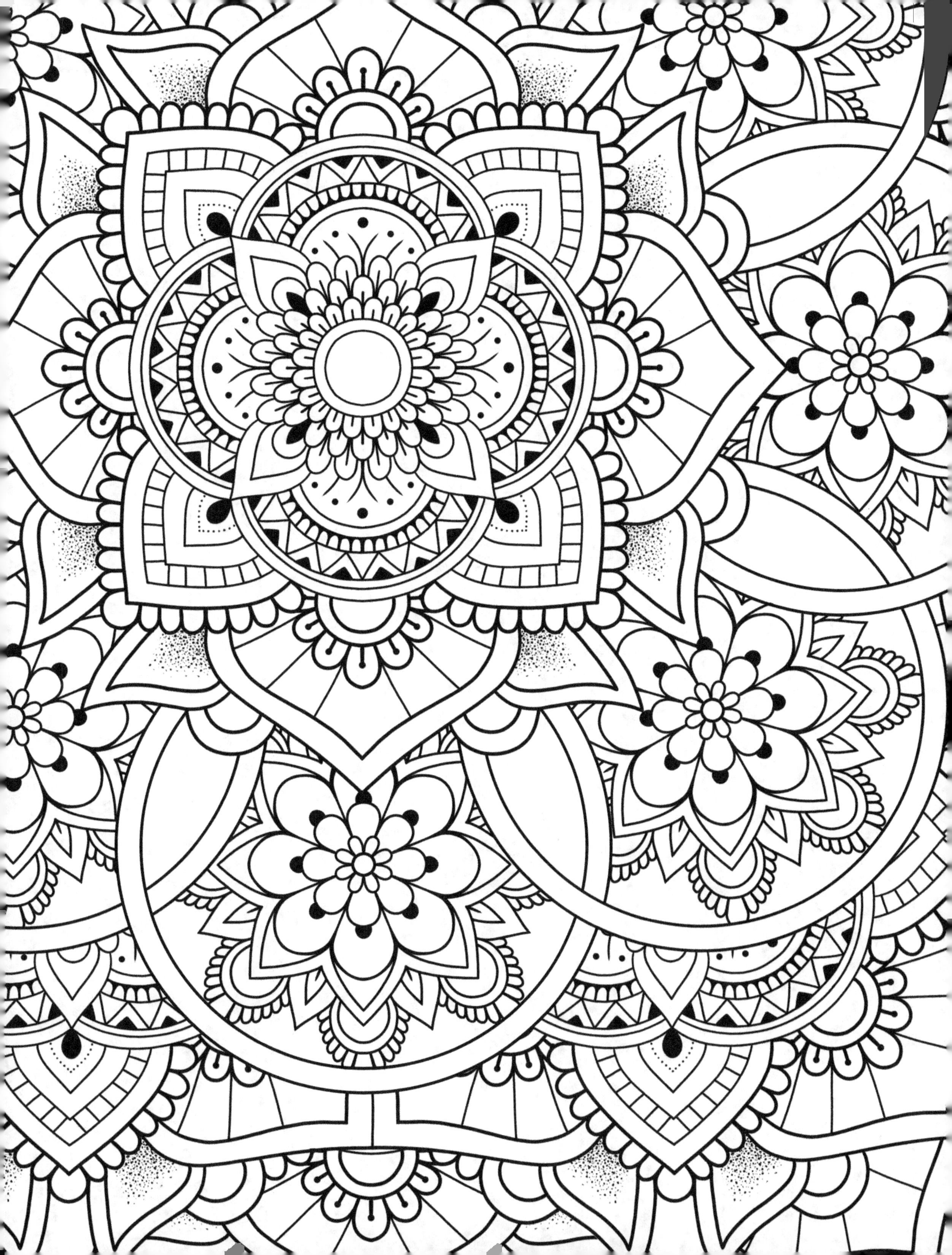

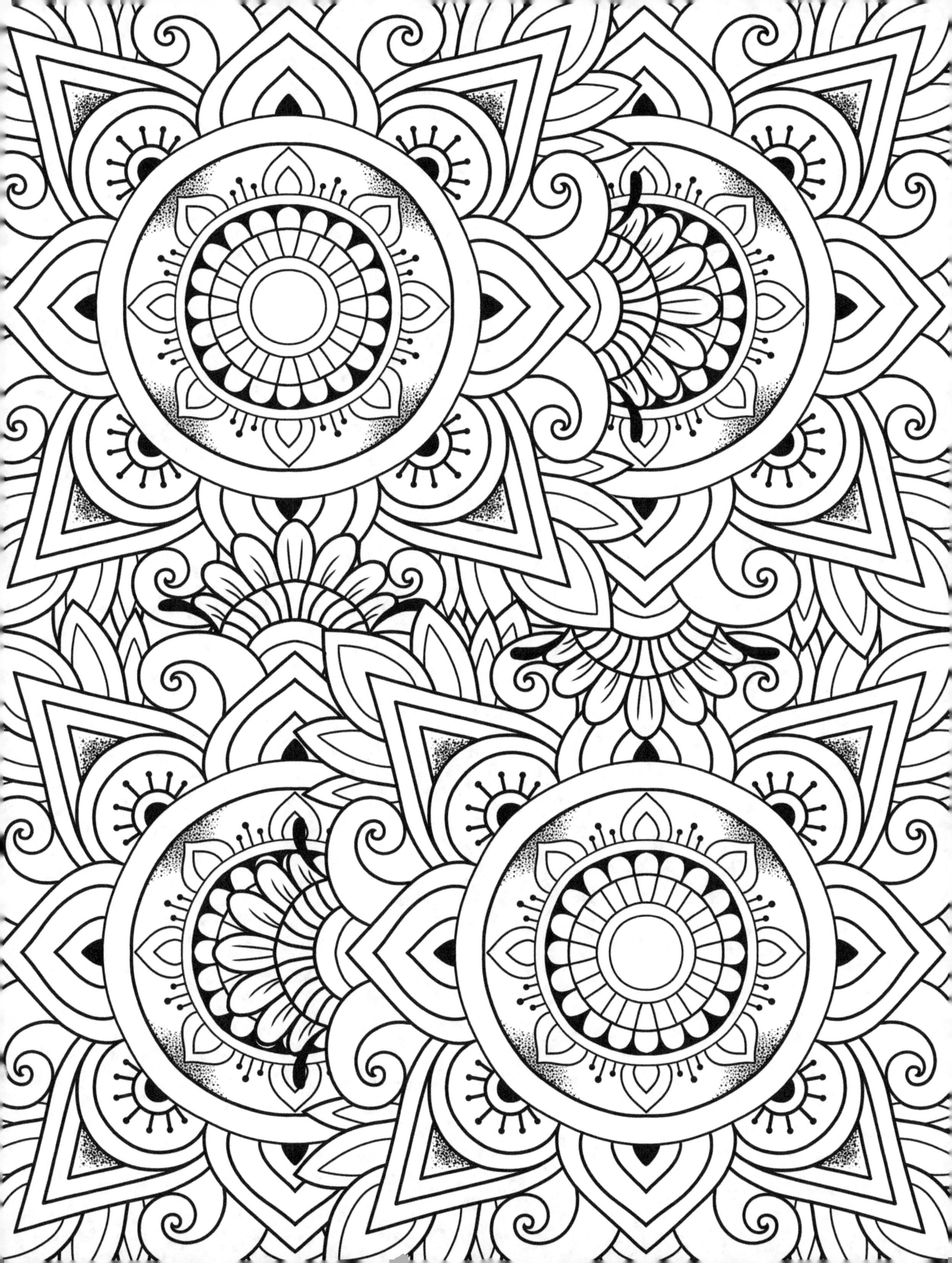

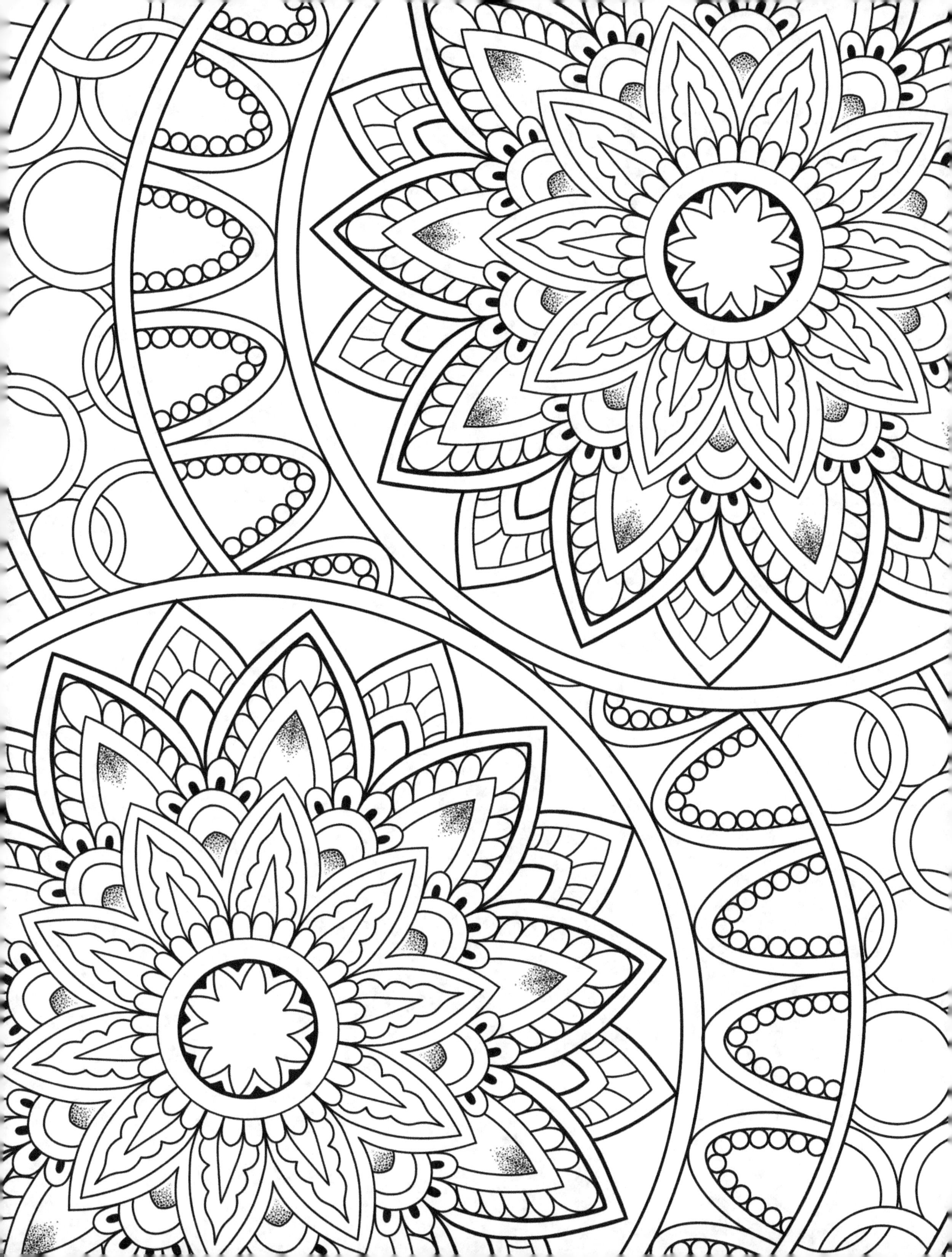

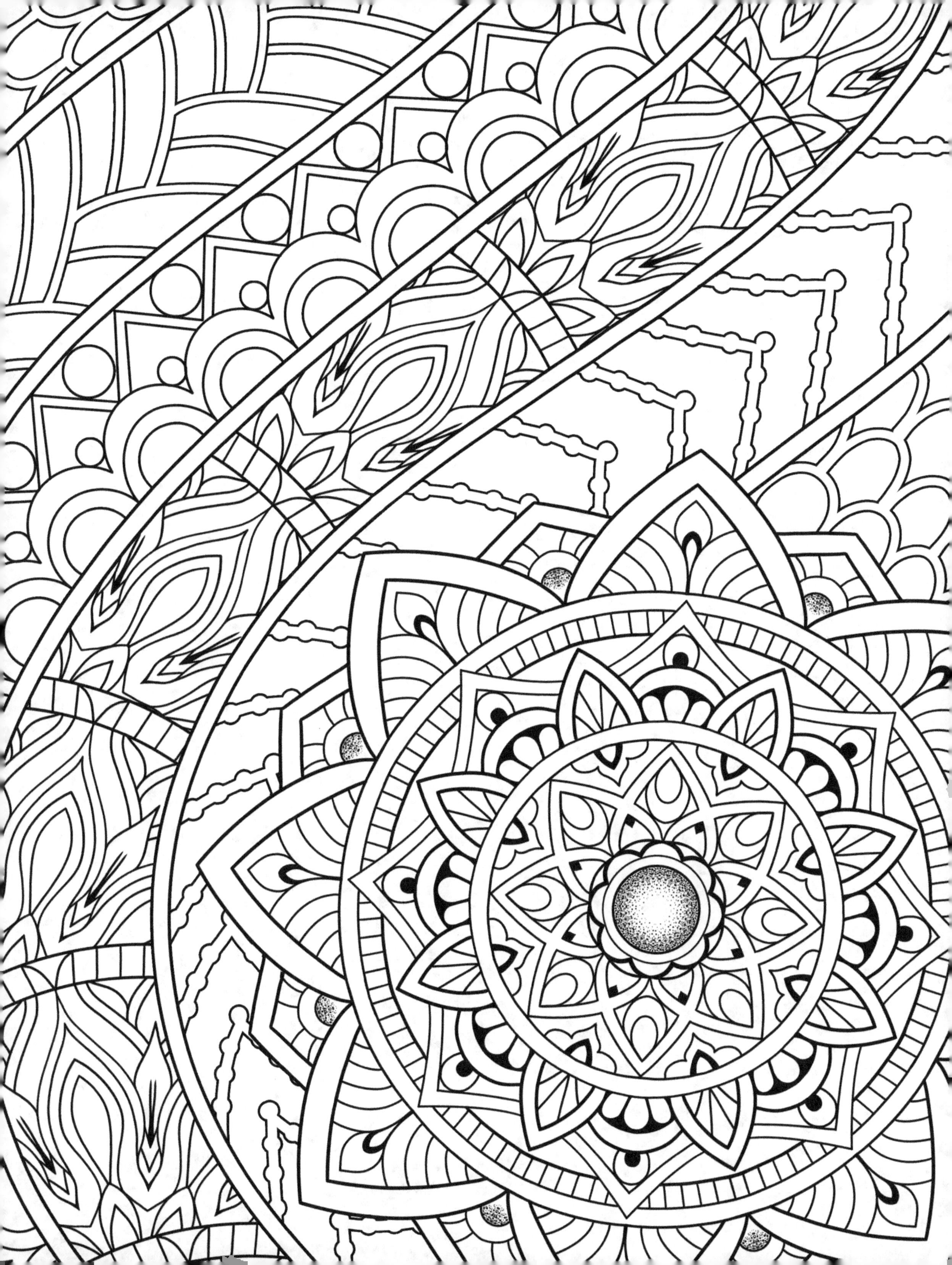

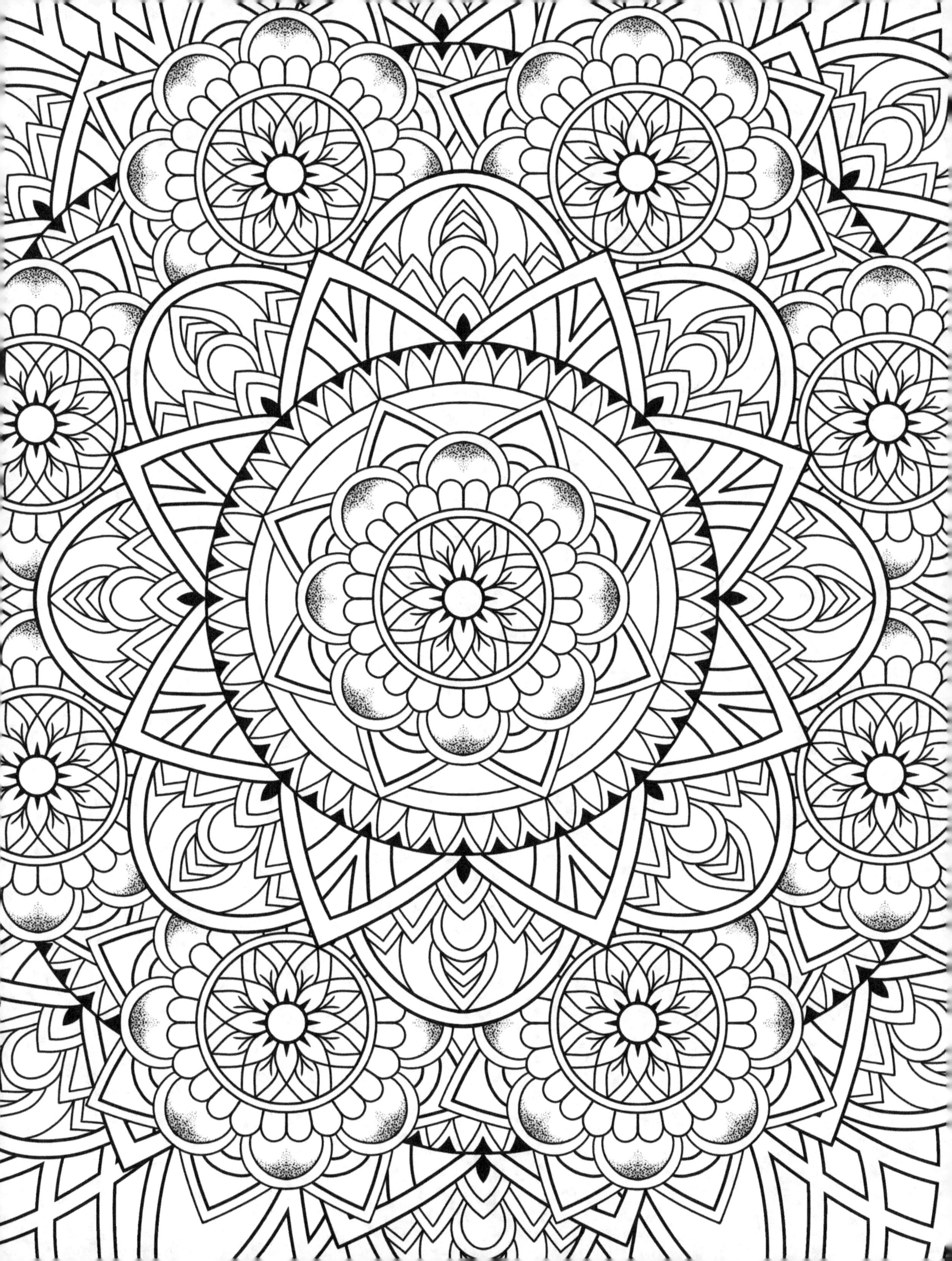

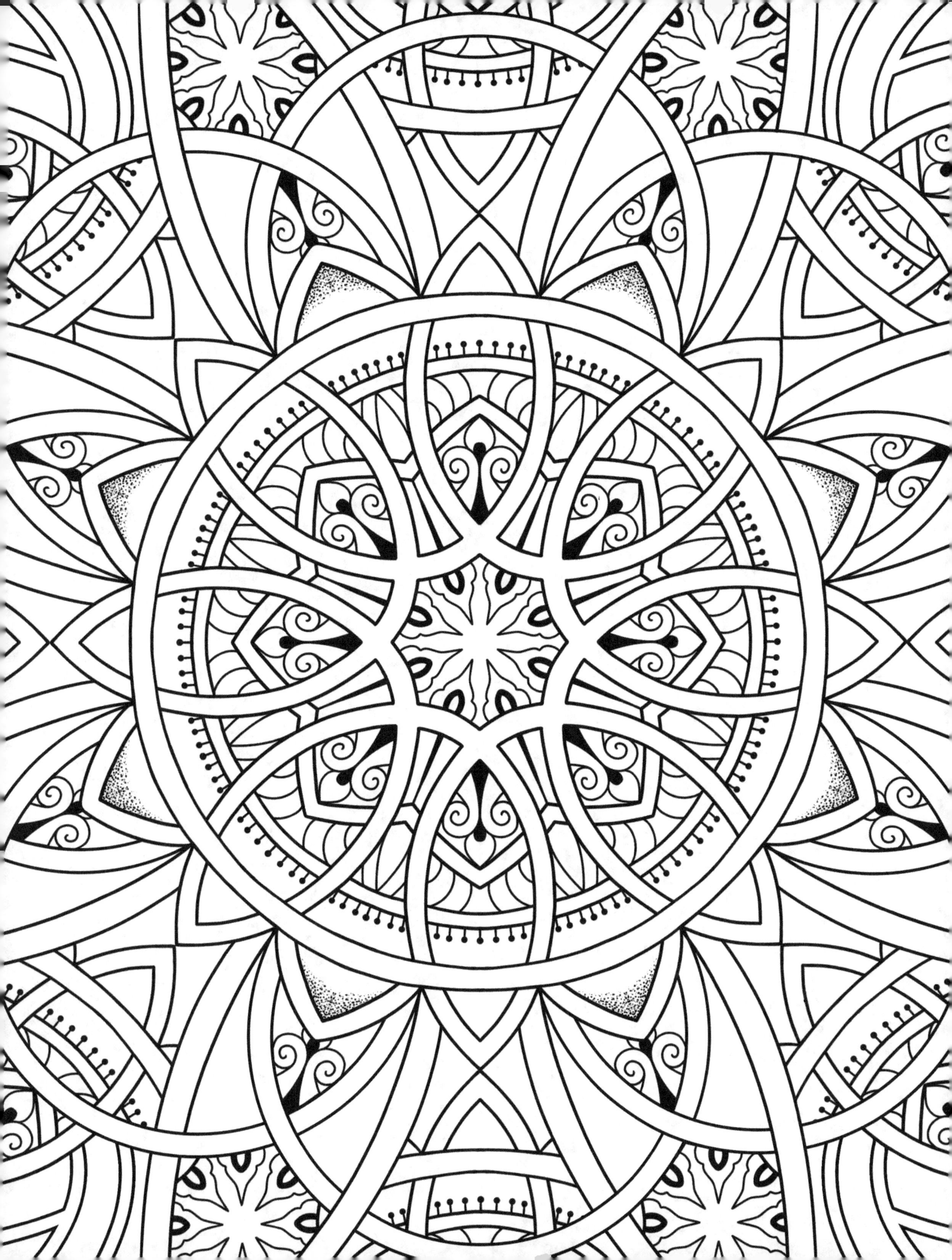

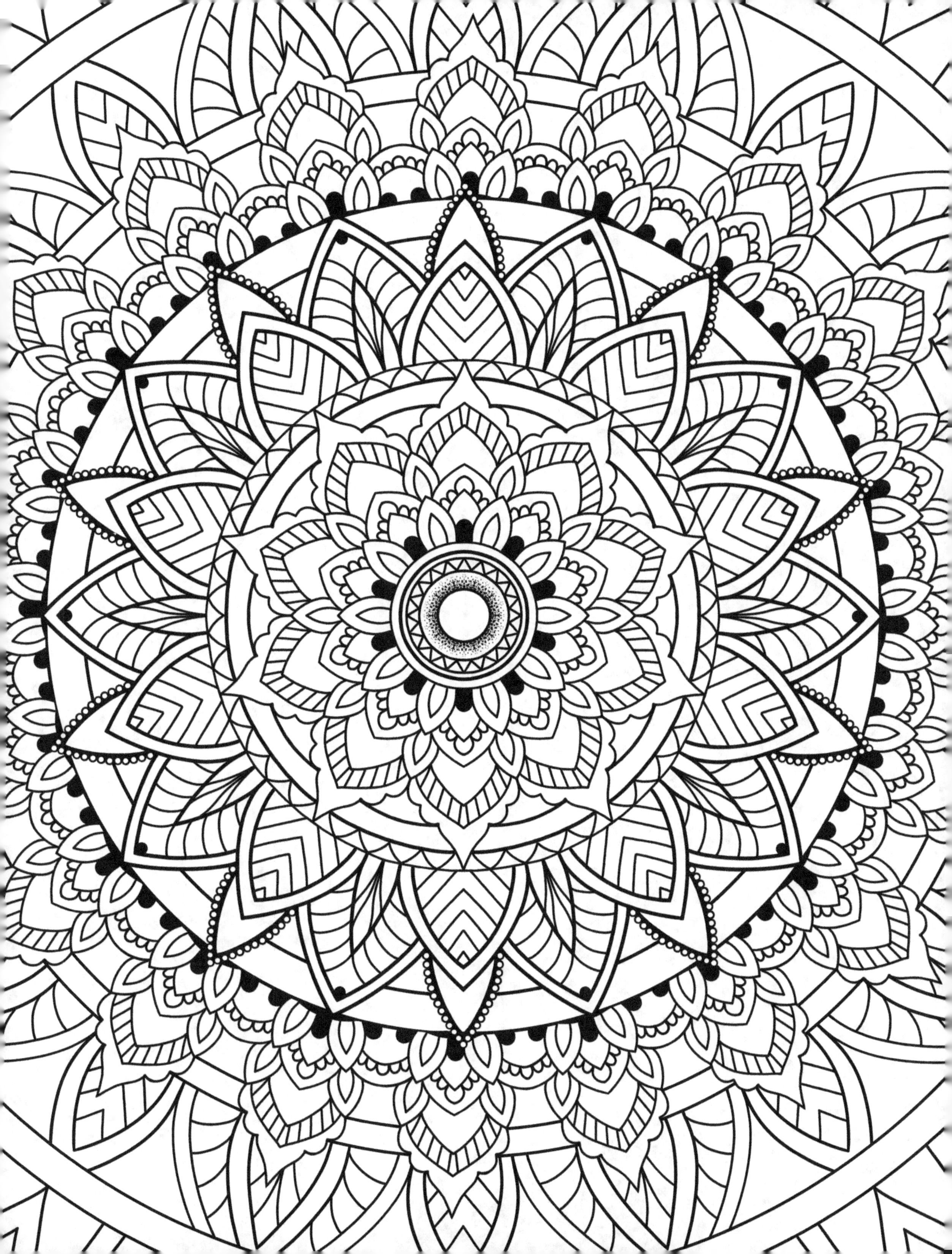

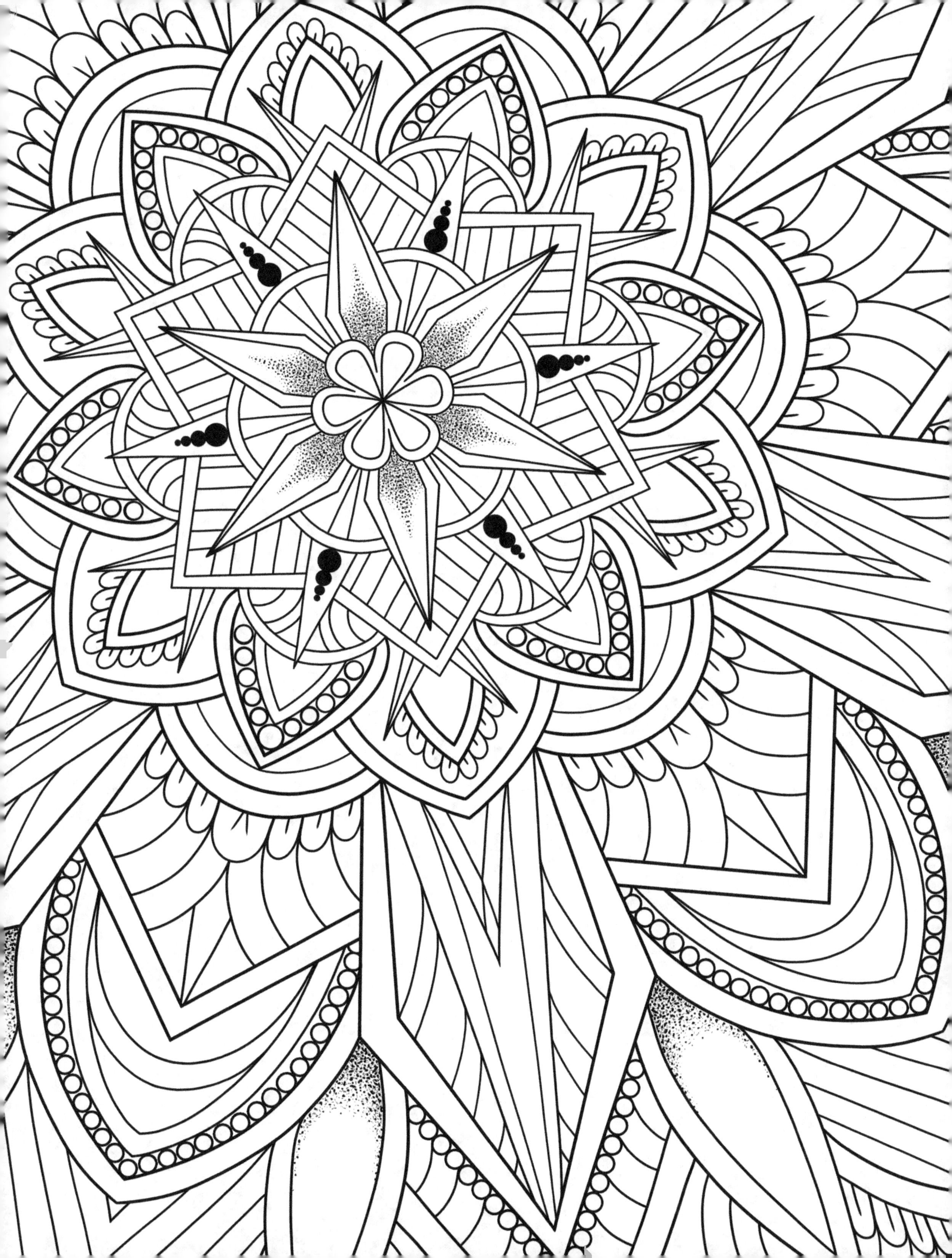

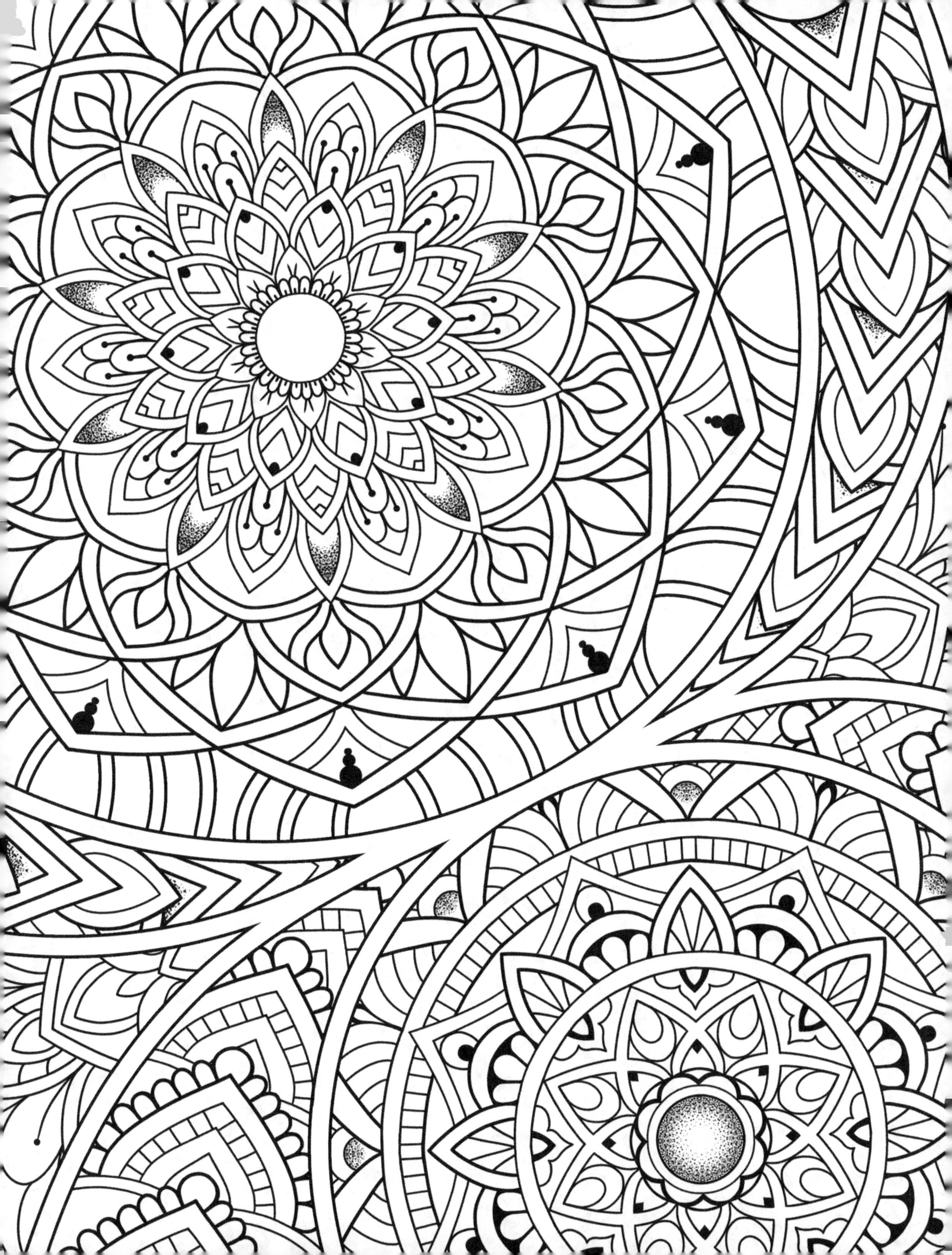

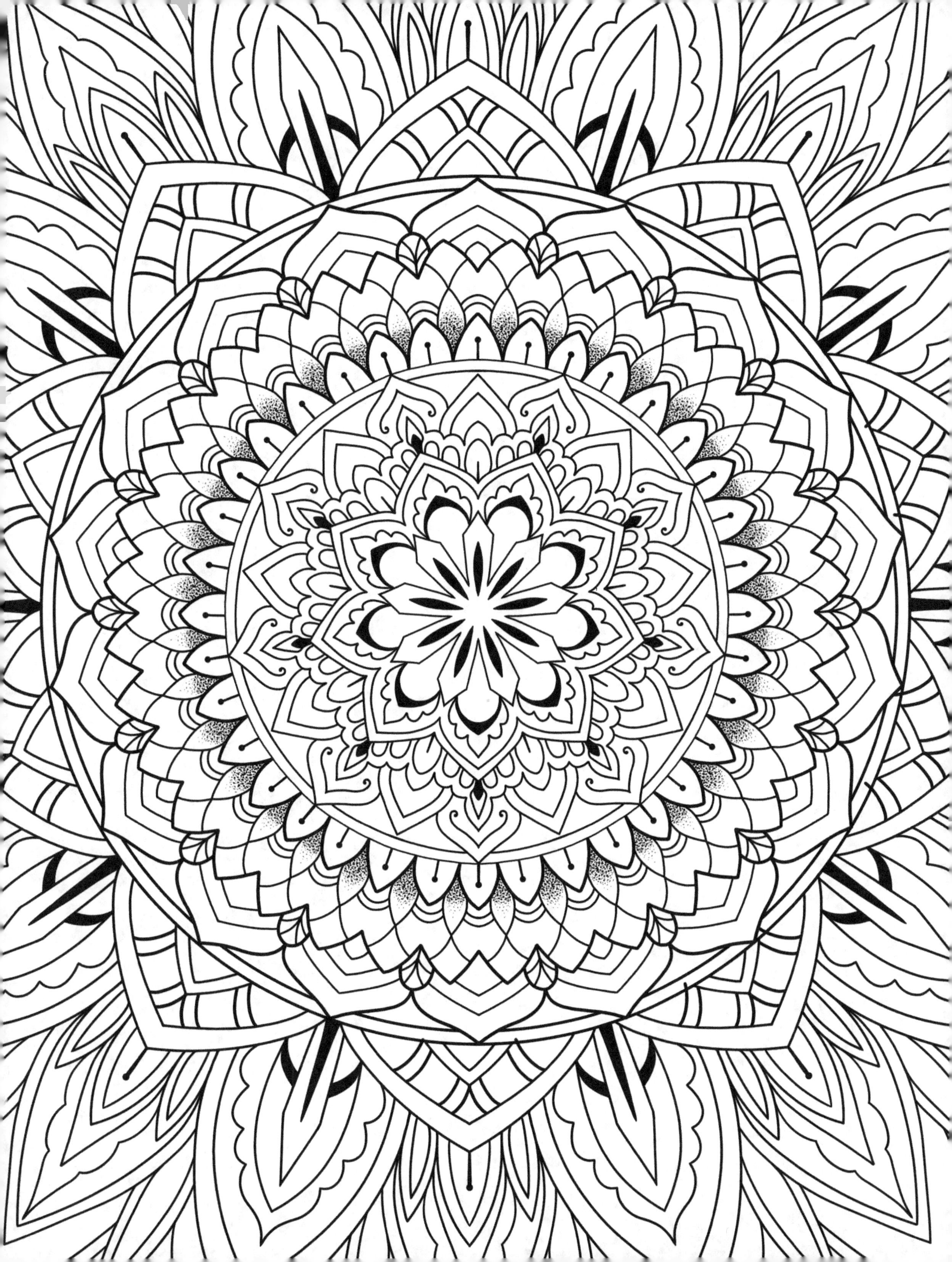

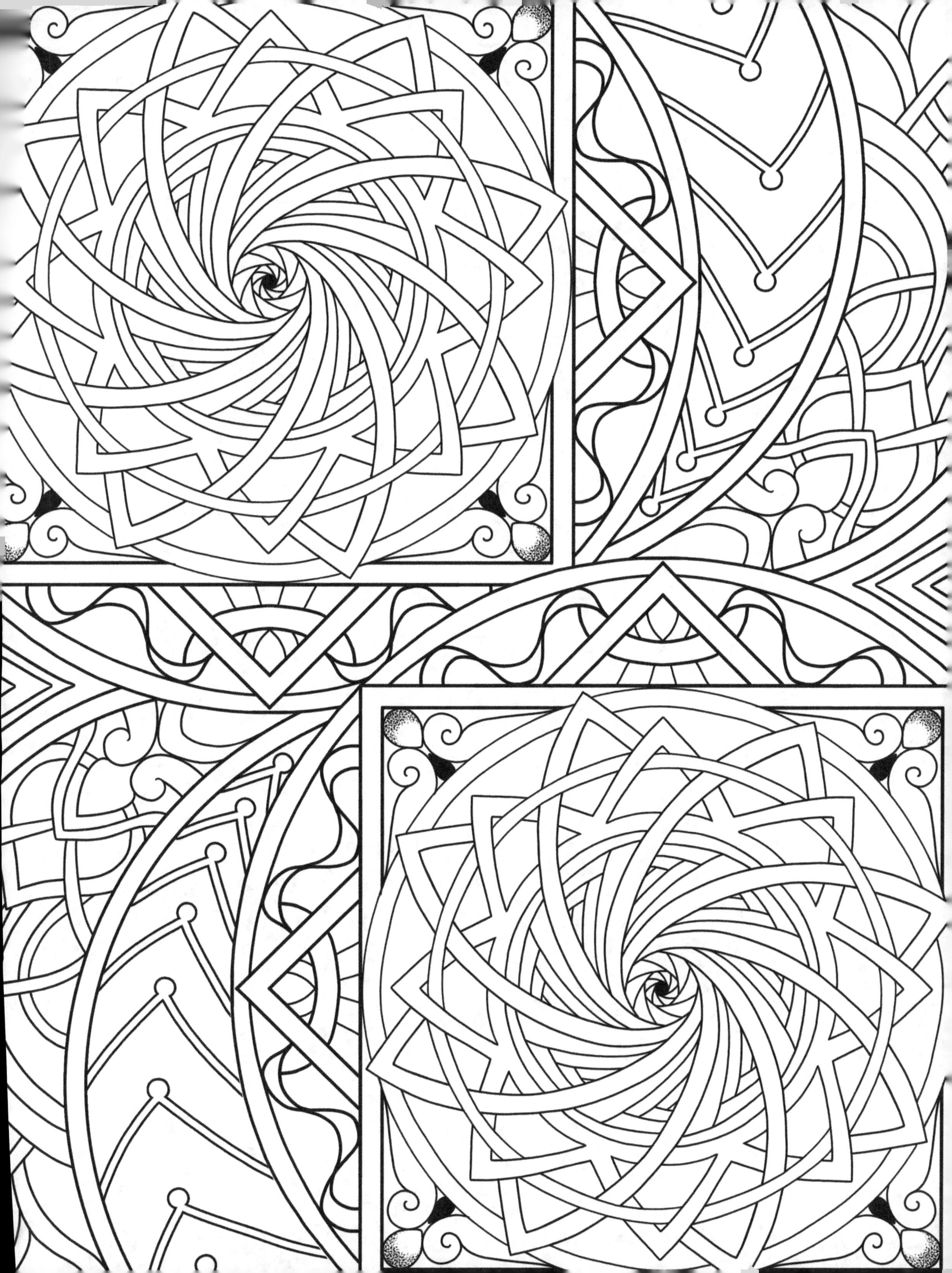

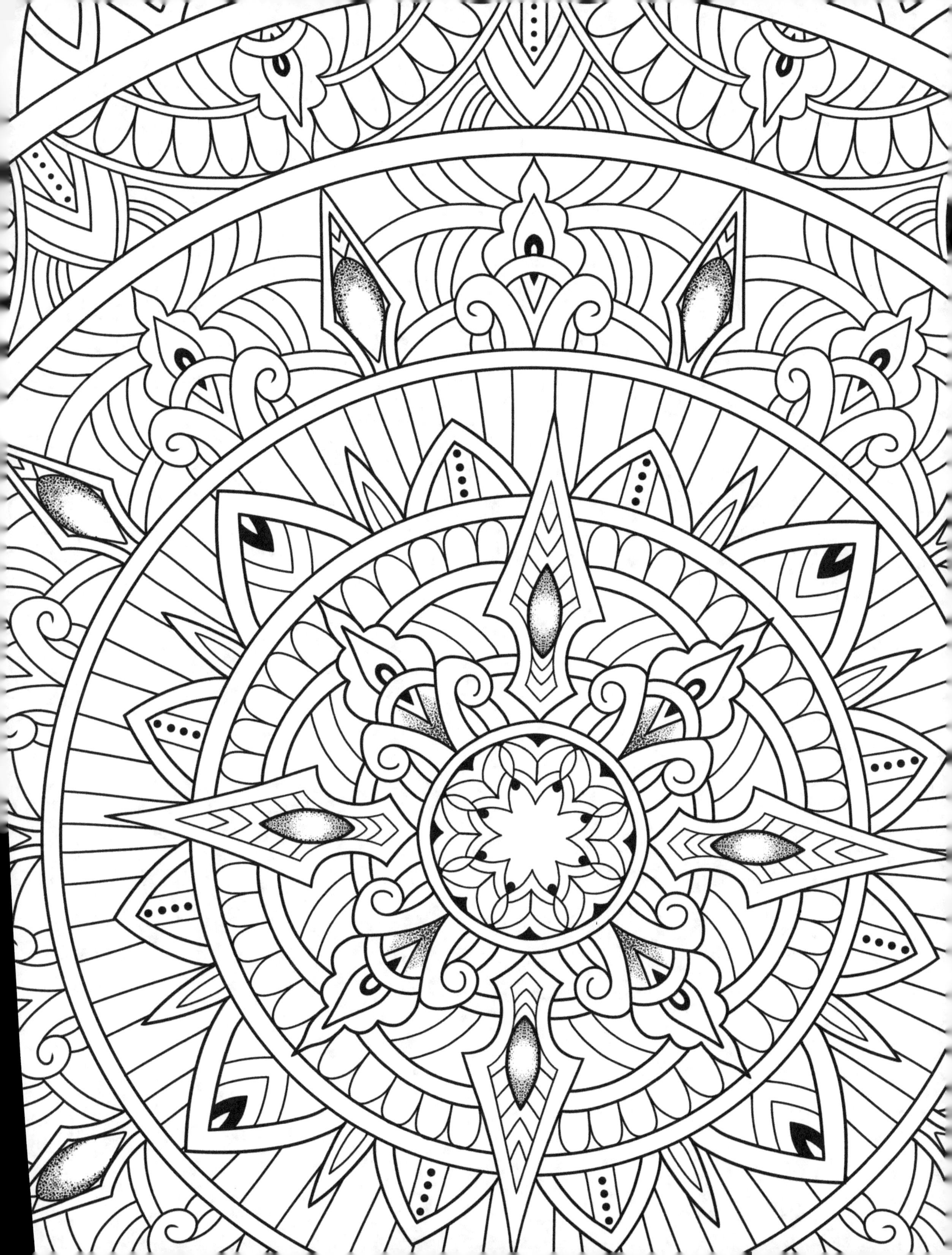

www.ingramcontent.com/pod-product-compliance
Lightning Source LLC
Chambersburg PA
CBHW081528220526
45467CB00010B/3096